CONVERTA MAIS

Neil Hoyne

Como usar dados para conquistar clientes e maximizar as vendas

Tradução
Cristina Yamagami

Benvirá

Copyright © Neil Hoyne, 2023

Todos os direitos reservados, incluindo o direito de reprodução integral ou em parte, em qualquer forma. Esta edição é publicada conforme acordo com a Portfolio, um selo da Penguin Publishing Group, uma divisão da Penguin Random House LLC.

Copyright © 2023 by Neil Hoyne

All rights reserved including the right of reproduction in whole or in part in any form. This edition published by arrangement with Portfolio, an imprint of Penguin Publishing Group, a division of Penguin Random House LLC.

Título original: *Converted: The Data-Driven Way to Win Customers' Hearts*

Direção executiva Flávia Alves Bravin
Direção editorial Ana Paula Santos Matos
Gerência editorial e de produção Fernando Penteado
Edição Paula Sacrini
Design e produção Jeferson Costa da Silva (coord.)
Rosana Peroni Fazolari

Tradução Cristina Yamagami
Preparação Augusto Iriarte
Diagramação Karina Kempter
Revisão Queni Winters
Adaptação de capa Tiago Dela Rosa
Impressão e acabamento EGB Editora Gráfica Bernardi Ltda

Dados Internacionais de Catalogação na Publicação (CIP)
Vagner Rodolfo da Silva – CRB-8/9410

H867c   Hoyne, Neil

   Converta mais: como usar dados para conquistar clientes e maximizar as vendas / Neil Hoyne ; traduzido por Cristina Yamagami. – São Paulo : Benvirá, 2023.

   216 p.

   ISBN 978-65-5810-171-0 (Impresso)

   1. Administração. 2. Marketing. 3. Vendas. 4. Clientes. I. Yamagami, Cristina. II. Título.

	CDD 658.85
2023-581	CDU 658.85

Índices para catálogo sistemático:
1. Administração : Vendas   658.85
2. Administração : Vendas   658.85

1ª edição, junho de 2023

Nenhuma parte desta publicação poderá ser reproduzida por qualquer meio ou forma sem a prévia autorização da Saraiva Educação. A violação dos direitos autorais é crime estabelecido na Lei n. 9.610/98 e punido pelo art. 184 do Código Penal.

Todos os direitos reservados à Benvirá, um selo da Saraiva Educação.
Av. Paulista, 901, Edifício CYK, 4º andar
Bela Vista - São Paulo - SP - CEP: 01311-100

SAC: sac.sets@saraivaeducacao.com.br

CÓD. OBRA 713513   CL 671076   CAE 803246

*Para Liza, o amor da minha vida e minha
parceira nesta jornada incrível, e meus filhos,
Hamilton e Elizabeth, que são uma fonte infinita
de inspiração para a jornada.*

Sumário

Introdução..1

Parte 1 | Conversas

1 | Vamos conversar 13
2 | Comece simples..19
3 | Faça perguntas...27
4 | Respeite a natureza humana 41
5 | Leia nas entrelinhas.....................................53
6 | Conduza a conversa 71

Parte 2 | Relacionamentos

7 | Vamos falar sobre os seus amigos...............81
8 | Saiba em que pé as coisas estão 85
9 | Encontre pessoas melhores..........................97

10 | Aceite as pessoas por quem elas são 113
11 | Tudo bem se não der certo 123
12 | Dê ouvidos às pessoas certas 133
13 | Vá lá e faça 141

Parte 3 | Autoaperfeiçoamento

14 | Vamos falar sobre você 145
15 | Dê pequenos passos adiante 147
16 | Tente uma carreira na política 155
17 | Dê asas aos testadores 163
18 | Seja fiel, mas não cego 177
19 | Coloque em campo um time vencedor 187

Conclusão 197

Agradecimentos 203

Para eventuais atualizações e outros materiais, visite a
página do livro no Saraiva Conecta:

https://somos.in/CNCTCM

Este livro representa as opiniões e a pesquisa independente do autor
e não é patrocinado nem endossado pelo Google.

Introdução

Marketing digital é uma questão de manter a fé. A fé de que você tem como seduzir alguém a comprar mais, votar diferente ou simplesmente amar sua marca – através de uma caixinha de 250 × 250 pixels que a pessoa vê ao navegar pelos sites, enquanto tenta deliberadamente evitar a sua mensagem. É uma questão de timing, de uma escala extraordinária e de cruzar os dedos para que os clientes dispostos a pagar o preço cheio não encontrem o cupom de 15% de desconto. É também uma promessa – ajudar o cliente a concretizar as ambições dele – enquanto você concretiza a sua: o dinheiro dele.

Meu mundo, o mundo do *digital analytics*, é a ciência que prova que faz sentido se apegar a essa promessa. Que a emaranhada pilha de ações e métricas – impressões, cliques e conversões – não seria possível sem expor os usuários àquele anúncio de seis segundos antes do vídeo de *unboxing* no You-Tube. Não é um mundo perfeito. A realidade é a seguinte: experimentos de qualidade inferior e imperfeitos que precisariam de noventa dias, mas que são realizados em apenas dez, e conjuntos de dados vagos que representam a realidade com a precisão de um rolar de dados.

Nesse cenário, fui analista, pesquisador, inventor, palestrante, programador e (não me orgulho disso) criador de muitos slides nada memoráveis de funis de venda e diagramas de Venn. Fui testemunha e participante de sucessos bilionários e fracassos caríssimos movidos pelo ego, pela ambição e, com muito menos frequência, pelo pragmatismo. Fui ativista no clamor dos executivos para as organizações serem mais "orientadas por dados".

Meu último trabalho, que já dura mais de uma década no Google, me deu o privilégio de liderar mais de 2.500 contratos com nossos maiores anunciantes. Supervisionei iniciativas que conquistaram milhões de clientes, aumentaram as taxas de conversão em mais de 400% e possivelmente geraram mais de US$ 2 bilhões em receita incremental. (Não sei como os economistas chegaram a esse número, mas simpatizo com ele e é o que vou perpetuar neste livro. Não sou santo, sou só um cara de carne e osso.) Mas, como acontece com a maioria dos analistas que conheço, foram os fracassos que me fizeram duvidar das minhas decisões profissionais, para não dizer da minha sanidade. É um mundo confuso e faço parte dele. Todos nós fazemos.

Sabe aqueles momentos que o levaram a pensar que o modelo que você gastou tanto tempo ajustando poderia muito bem não passar de um gerador de números aleatórios? Eu sei bem como é. Vi pesquisadores removerem resultados individuais de pesquisas – os "pontos fora da curva" – até os resultados corresponderem às convicções do gerente de produto. Trabalhei com executivos que exigiam que prestássemos contas de cada dólar gasto – até que eles resolveram comprar os direitos de nomear um time de futebol americano universitário. Quando os números de vendas mostraram que eles teriam produzido retornos melhores se tivessem embrulhado seus produtos em notas de cem dólares e jogado os produtos para uma multidão, eles questionaram os dados. E já aconteceu de eu ter que trabalhar em parceria com uma consultoria famosa que deve ter tirado uma estimativa de receita de algum universo paralelo. Sei disso porque a nota de rodapé literalmente dizia: "Substituir estes números que acabei de inventar". Eles nem se deram ao trabalho de citar as fontes. Mas ninguém lê as notas de rodapé – pelo jeito, nem o conselho de administração.

Executivos bem-intencionados e estudantes de pós-graduação vinham me perguntar sobre o segredo para construir uma organização de marketing bem-sucedida. Será que bastava ter um sucesso a mais do que os fracassos? Ou o sucesso estava em adotar algum lugar-comum do Vale do Silício como o famoso mantra "Fracasse Rápido"?

Fiquei intrigado com essa pergunta. E passei minha carreira em busca de uma resposta.

Você pode me encontrar no Partner Plex do Google, localizado em nosso *campus* em Mountain View, na Califórnia, cercado de engenheiros absolutamente brilhantes que fazem parecer fácil exibir resultados para quarenta mil buscas por segundo. Enquanto os engenheiros produzem o código, administram os sistemas e se encarregam de fazer as contas, a minha equipe conversa com os clientes e cria estratégias para eles. Nós os recebemos em uma parte do *campus* decorada com um piano munido de inteligência artificial que compõe as próprias músicas, uma escada em arco-íris com as últimas tendências de buscas e um equipamento de realidade virtual para pintar em 3D. Até o Willy Wonka gostaria de ter um bilhete dourado para entrar lá.

Temos também salas de conferência. É nelas que o trabalho é feito. Essas salas são mais que espaços de reuniões, porque são criadas especificamente para as tarefas em questão. Com tomadas em abundância, internet sem fio de alta velocidade, açúcar e cafeína – cortesia de microcozinhas embutidas em uma série de armários com "Beba" e "Coma" gravados a laser nas laterais. As mesas de reunião, feitas da mesma madeira escura e laminada, podiam muito bem ser rotuladas com "Pense". Usamos essas salas para ajudar os maiores clientes do Google a orientar o futuro de seus produtos e de seus verticais.

Minha posição atual é diretor de estratégia de dados do Google, mas, desde a época em que comecei como analista, sempre tive curiosidade de saber como os executivos tomavam decisões com base no trabalho que minha equipe produzia e por que duas empresas muitas vezes tomavam decisões diferentes diante dos mesmos dados.

Perdi as contas de quantas vezes vi isso acontecer. O que faz as empresas usarem informações idênticas para competir de maneiras totalmente diferentes? Com o tempo, um padrão ficou claro. A maioria das empresas focava um único momento, uma única frase, uma única interação: "Ei, você aí! Compre a minha oferta!" Elas estavam usando os dados para mudar textos publicitários, as cores e a segmentação, alterando palavras e o tom em experimentos intermináveis. Tudo com o objetivo de ouvir um "sim" imediato – e tudo pensando em curto prazo.

Fazia sentido. Os CFOs (*chief financial officers*, diretores financeiros) exigem prestação de contas. E a publicidade digital lhes entregava isso. Assim, eles tinham como fazer uma associação instantânea entre cliques e ação. Gastavam um dólar para o cliente gastar dez. Essa mentalidade definia suas estratégias e seus dashboards semanais. No entanto, estava engessando os CMOs (*chief marketing officers*, diretores de marketing). Aquele momento isolado era o único que importava e só ele era medido.

Só que essa abordagem não deixava de fazer sentido para os diretores de marketing. Quanto mais o marketing crescia, mais dados eram coletados e mais podia ser extraído de cada momento. Inovador, disruptor, qualquer que fosse o novo modelo que os capitalistas de risco estivessem financiando, precisaria passar (e pagar) pelas mesmas lições, impulsionando os balancetes.

Até que os concorrentes os ultrapassassem.

Algumas dessas empresas chegaram ao Partner Plex sabendo que não conseguiriam alcançar os concorrentes batendo nessa mesma tecla. Elas precisavam de um jeito novo de competir. E estávamos lá para ajudá-las a encontrar esse jeito novo. Em vez de otimizar com vista a resultados imediatos, por que não construir um negócio em torno de relacionamentos de longo prazo com os clientes, usando os dados para saber quem eram os melhores clientes e quais produtos eles queriam comprar e então construir com base nisso? E se você pudesse deixar seus concorrentes, com seus dados e imediatismo, só com as migalhas?

Pois é, você pode. E a coisa funciona espetacularmente bem.

Na próxima década, as histórias de sucesso do marketing não serão limitadas a cliques e conversões. Elas versarão sobre pessoas e conversas com clientes que se desenvolvem até se tornarem relacionamentos.

Um profissional de marketing digital entra num bar...

... e pede em casamento a primeira pessoa que vê pela frente. Uma grande maluquice, não é mesmo? Mas é o que as empresas fazem. Essa é a abordagem comum do marketing digital. A ideia é que, se a equipe de marketing pedir um número suficiente de desconhecidos em casamento – talvez cem, talvez mil –, mais cedo ou mais tarde alguém vai topar a proposta. Os profissionais de marketing se dão um momento, uma oportunidade, para gerar um resultado e tratam todas as interações do mesmo jeito. Eles só podem mudar alguns fatores – o que vão vestir, a qual bar irão, talvez uma ou duas palavras do que vão dizer. E aí o CEO pergunta: por que não estamos conseguindo convencer mais pessoas a dizer sim?

Porque os concorrentes estão jogando um jogo diferente. Eles cumprimentam o cliente, iniciam uma conversa. Fazem perguntas, realmente ouvem, escutam as respostas e deixam a relação fluir. Constroem um relacionamento, um passo de cada vez, e depois se perguntam: "Aonde podemos chegar com isso?" Os dados lhes confidenciam a resposta – e então eles agem de acordo com ela.

Este livro é um guia prático para navegar por esse novo território, uma exploração mais ou menos organizada em torno de três temas: conversas, relacionamentos e autoaperfeiçoamento. Não é para ser lido uma vez e largado para acumular pó na estante. Espero que você o consulte com frequência e compartilhe com os colegas o que aprender aqui. Quero que você o consulte até ele ficar cheio de orelhas e as folhas começarem a cair. (E depois, de preferência, compre outro exemplar.) É um guia cheio de conselhos práticos, mas pode ficar tranquilo porque você não vai ficar perdido em pântanos de detalhes técnicos. Pelo caminho, você verá placas de sinalização que levam a um site com conteúdo adicional para as lições do livro, uma comunidade de profissionais para acompanhá-lo em sua jornada e uma série de ferramentas criadas para fazer grande parte do trabalho pesado por você.

Você pode encontrar o site em: http://convertedbook.com.

Começaremos com as conversas e a importância das interações com os clientes: como conversar com eles, o que esperar e o que não fazer. A segunda seção trata de relacionamentos: sua empresa depende do desenvolvimento de relacionamentos sólidos e, ao mesmo tempo, de poupar o tempo e o dinheiro que seriam gastos em relacionamentos que não levariam a lugar algum. O terceiro pilar, o autoaperfeiçoamento, é uma questão de olhar para si mesmo – fazer-se as perguntas certas e evitar a armadilha da autoilusão, que tem o poder de neutralizar todo e qualquer progresso.

Esta aventura é sua. As ideias se baseiam umas nas outras, de modo que você pode começar do começo e ir colocando todas as lições em prática. Contudo, cada ideia também é independente, para que você possa dedicar mais tempo aos temas mais relevantes para as suas oportunidades, interesses e desejos mais profundos e adequá-las ao seu propósito.

Tudo o que você lerá aqui é inspirado em experiências reais, mas não se limita a uma empresa ou setor específico. As lições estão nas próprias experiências, não em suas particularidades, de sorte que elas serão instrutivas independentemente de você estar vendendo produtos ou pedindo doações.

Só não esqueça que, diferente do mundo físico, não existem certezas no marketing. Os dias nem sempre se seguem às noites. No entanto, apesar de eu não ter como dizer exatamente o que seus US$ 10.000 vão comprar, posso lhe oferecer as lições que os melhores profissionais de marketing digital aprenderam a duras penas sobre como usar dados para conquistar o amor de seus clientes, construindo relacionamentos robustos com uma precisão quase matemática. Nisso eu tenho fé.

Bem-vindo à igreja.

PARTE 1

Conversas

1

Vamos conversar

Uma mulher entra em uma elegante loja de calçados em um sábado à tarde de olho em um par de sapatos de salto alto. Inevitavelmente, ela é abordada por uma vendedora. "Olá, posso ajudar?" A cliente ignora a funcionária, passa um tempinho olhando a vitrine de saltos altos e sai da loja.

Seja qual for a razão – o estilo, o preço exorbitante ou simplesmente o desconforto inevitável de andar com um salto agulha de treze centímetros –, o fato é que ela não se interessa em fazer a compra. Ou será que ela tem interesse?

A mulher volta mais tarde no mesmo dia e a cena se repete. O cumprimento, o interesse efêmero, a saída rápida. Uma terceira, uma quarta, uma quinta vez e, no dia seguinte, a coisa se repete, e de novo no próximo dia. Os vendedores ajustam a abordagem. Um sorriso desta vez. Um elogio da próxima. Qualquer coisa para levá-la a comprar os sapatos nos quais ela passou tanto tempo de olho.

E então acontece. Quase duas semanas depois da primeira visita.

Aqueles sapatos de US$ 450: vendidos!

Figura 1.1: A jornada de compra da cliente. Cada bloco representa uma interação com os esforços de marketing da empresa.

O que mudou dessa vez? E, o mais importante, quais lições a loja aprendeu para que esse resultado se repita? Nada. Na verdade, essa mulher nunca chegou a sair de casa. Cada uma das 262 visitas foi feita no site da loja. E ninguém notou. Ninguém interferiu. Ninguém aprendeu. As experiências dessa cliente ficaram perdidas em uma planilha repleta de incontáveis outros clientes – mães, executivas, maridos e velhos amigos reduzidos a meras "conversões".

A loja conseguiu rastrear cada uma das visitas daquela cliente. Foi fácil fazer isso. Mas a recebeu com a mesma experiência todas as vezes. Cada visita foi interpretada como uma manifestação de interesse, e a loja aumentou seu investimento perseguindo-a com mais anúncios na internet. É verdade que, no fim, ela vendeu os sapatos. No entanto, mesmo com as margens de 40%, acabou no vermelho.

E nunca tomou conhecimento disso.

O fato é que os profissionais de marketing digital – eu inclusive – são melhores em fazer declarações impactantes do que em se engajar em conversas. Não é difícil nos imaginar em um bar abordando desconhecidos com a chamada para ação de trinta segundos mais impactante possível e um senso de urgência quase doloroso. "Você precisa se casar comigo neste exato momento. Sou o último em estoque!" Tenho até dó de você se responder. Podemos passar as próximas duas semanas perseguindo você em outros bares. Quem sabe você não muda de ideia?

O primeiro produto vendido por meio do Google foi uma lagosta. Alguém entrou na internet na Califórnia, clicou em um anúncio de busca que oferecia lagostas frescas do Maine e comprou uma lagosta de um quilo. No dia seguinte, uma lagosta viva foi entregue em uma caixa à porta do cliente, sem ter ideia do que aconteceu nas últimas vinte e quatro horas.

Foi uma conversa que funcionou para *aquele* momento.

Hoje, essa mesma pessoa tem dezenas de dispositivos e não faltam opções para sua próxima compra. Sites de comparação de lagostas. Cupons de desconto em lagosta. Avaliações de lagostas. Mais de 4,8 milhões de postagens no Instagram foram criadas na esperança de inspirá-la com diferentes maneiras de preparar sua lagosta. Uma lagosta chegou a se tornar um influenciador de mídia social, o que diz muito sobre a indústria de influenciadores como um todo.

Hoje em dia, não é tão simples iniciar uma conversa com os clientes. As conversas são cheias de nuances e oportunidades. E a maioria das empresas não conseguiu acompanhar as tendências, presas à velha ideia de que medir o valor de interações únicas – "Case-se comigo agora!" – deve ser mais importante do que colher os retornos de um relacionamento mais profundo ao longo do tempo.

Será que precisa mesmo ser assim? De jeito nenhum. Conversamos o tempo todo no nosso dia a dia. É assim que os seres humanos vivem. Nós lemos, ouvimos, nos engajamos. Nossos ancestrais se reuniam ao redor de fogueiras, o que despertava o entendimento, a confiança e a simpatia.* Jantamos com alguém, conhecemos melhor as pessoas; passamos tempo com a família. Também fazemos isso na nossa vida profissional; todas as palestras, videoconferências no Zoom e feiras do setor com fornecedores distribuindo canetas baratas de plástico.

As pessoas pensam em marcas e sites do mesmo jeito. Falam sobre as marcas quase como se fossem pessoas. Eu adoro essa empresa! Não suporto aquela outra. Eu adoro esse site!

Mas será que a empresa retribui esse amor? Provavelmente não.

Se isso faz você se lembrar do marketing da sua empresa, a culpa não é sua. Eu sei bem como é. O marketing passou décadas sendo pressionado para provar seus resultados, para justificar seu crescimento nos tempos de vacas gordas e defender os orçamentos nos tempos de vacas magras. E, no meio-tempo, combater a crença equivocada de que ele, o marketing, não passa de uma central de custos.

Essa abordagem até que funciona... até que deixa de funcionar. Se os clientes veem as mesmas mensagens breves e são perseguidos pelo mesmo rastreamento implacável, tendem a assumir uma postura apática em relação a eles. Entretanto, os profissionais de marketing estão começando a se dar conta do valor da conversa – não apenas em razão da riqueza de informações do cliente que uma conversa pode fornecer, mas

---

* Polly W. Wiessner, "Embers of Society: Firelight Talk among the Ju/'hoansi Bushmen", *Proceedings of the National Academy of Sciences* 111, n. 39 (set. 2014): 14027-35, DOI: 10.1073/pnas.

também porque a conversa os distingue da concorrência. Eles se destacam e triunfam.

Isso faz com que uma grande mudança seja praticamente inevitável. As interações entre as melhores empresas e seus clientes estão mudando de mensagens rápidas que exigem uma resposta imediata para conversas mais profundas e duradouras. A abordagem do "compre agora" que fracassaria em um bar também deixará você para trás na internet. Simplesmente não há como sobreviver como líder de marketing sem aprender com os sinais que os clientes estão dando e reagir a esses sinais.

No fim das contas, a ideia é ver o marketing através de uma lente diferente: a lente muito humana da conversa. Já sabemos fazer isso. Só precisamos aprender a fazer em um contexto diferente.

2

Comece simples

Um dia, fui a um ruidoso bistrô vegetariano conversar com alguns executivos de marketing de um varejista. Eles estavam tentando dar uma guinada em sua obsoleta porém promissora marca. O diretor de marketing e sua equipe tinham algumas ambições um tanto quanto grandiosas. Eles me contrataram para avaliar sua jornada em direção a um lugar melhor.

"Estamos empolgados com a oportunidade que temos aqui", eles disseram. "Vamos fazer uma transformação digital no nosso negócio."

Acho preocupante esse tipo de declaração. "Transformação digital" está conquistando rapidamente seu lugar no top 10 das balelas de negócios, bem ao lado de jargões da moda como "inovação", "aceleração" e "amplificação". Acontece muito de esses tipos de ambições grandiosas acabarem não passando de um ícone redesenhado do app da empresa ou um novo serviço de entrega agendada.

Só que o plano que essa equipe revelou era muito pior: um contrato de US$ 70 milhões para criar o programa de gerenciamento de dados mais abrangente que a empresa já teve, reunindo todos os dados dos clientes, todos os pontos de contato, tudo que você possa imaginar.

Ficaria pronto em "apenas" dois anos e meio.

Fiquei horrorizado. "O que está acontecendo aqui?"

Aqueles eram profissionais de marketing talentosos e experientes.

"Não faz muito sentido fazer qualquer coisa antes de termos todos os dados. Quando tivermos, poderemos contratar centenas de cientistas de dados para agilizar todas as nossas tomadas de decisão", eles explicaram.

Eles estavam muito orgulhosos do plano. Como se o plano fosse bom.

Não consegui me conter. "Quer dizer que vocês têm um projeto multimilionário, convenceram o conselho a fazer esse enorme investimento de capital, vão passar três anos sem mostrar retorno algum… e vocês acham que isso faz sentido?"

"Claro que sim! Porque precisamos começar com dados perfeitos!"

Fiquei pensando: *Mas e as suas lojas de varejo, que não compartilham nenhum dado do cliente com vocês? Qual é o sentido disso? Onde o valor da sua marca se encaixa nisso? E o boca a boca? Vocês continuarão deixando de ver grandes partes da conversa. E o valor dos dados que vocês já têm sobre os clientes? Como é que vocês aceitam abrir mão dessa oportunidade?*

As ambições da empresa nunca se concretizaram. Levou tempo demais só para reunir todos os elementos. O conselho se cansou de esperar resultados. O diretor financeiro foi demitido e a marca foi dividida entre mais alguns grupos de *private equity*. Contudo, o legado permanece. Ninguém nunca mais vai chegar perto de um projeto parecido.

Por que você precisa começar simples

Quando sentem que perderam o controle das circunstâncias, as pessoas, para consertar as coisas, tendem a recorrer a produtos complicados que requerem muito trabalho.[*] É aquele efeito das novas matrículas em academias em janeiro. Fazer a matrícula parece um resultado tangível e é isso que você quer. Mas será que funciona? Na verdade, não. Oitenta por cento desses novos clientes não estarão mais lá em abril.[**]

É por isso que aquele varejista se orgulhava tanto de seu software embrionário. É com o software que a maioria das empresas que estão tentando reunir dados começa. E é aí que elas param também. Pergunte aos executivos se o sistema de

---

[*] Keisha M. Cutright e Adriana Samper, "Doing It the Hard Way: How Low Control Drives Preferences for High-Effort Products and Services", *Journal of Consumer Research* 41, n. 3 (out. 2014): 730-45.

[**] Rebecca Lake, "23 Gym Membership Statistics That Will Astound You", CreditDonkey, 26 fev. 2020, https://www.creditdonkey.com/gym-membership-statistics.html.

CRM deles está ajudando o negócio a crescer, e 90% responderão que não.*

Conversas com o cliente não são para capturar todas as interações. É exatamente assim que a maioria das empresas começa coletando dados, o que não faz muito sentido.

Para entender os clientes, não é preciso capturar cada detalhe do comportamento deles – cada produto que eles veem e por quantos milissegundos; quantas vezes colocam algo no carrinho de compras e depois devolvem à prateleira – sem a menor ideia do que realmente importa. O fato é que, quanto mais informações você tenta coletar, mais você deixa passar e mais recursos gasta. Aprenda a reconhecer os sinais que são importantes – e aprenda o que não deve se tornar objeto de obsessão. Um profissional de marketing que consegue focar o que é preciso para fazer um negócio avançar hoje tem dez vezes mais valor que aquele que não para de alardear a mais recente oportunidade de conectar tudo à internet. Vamos parar para pensar. Os meus chinelos não precisam estar conectados à internet, mas tenho certeza de que alguém, em algum lugar, está tentando vender essa ideia neste exato momento.

Como começar simples

Vamos seguir três princípios. Nada extravagante. É uma questão de foco.

---

* Scott Edinger, "Why CRM Projects Fail and How to Make Them More Successful", *Harvard Business Review*, 20 dez. 2018.

Mexa-se

Priorize a simplicidade. Quanto mais complicada for a abordagem, maior será a dificuldade de avançar, maior será a dificuldade de ter dados precisos e maior será a dificuldade de extrair esses dados. Por enquanto, descomplique as coisas ao máximo. Equipes pequenas. Ação rápida. Alguns dos melhores profissionais de marketing que conheço não passam mais do que algumas horas configurando um banco de dados na nuvem e trabalham com base nisso; não vai ser perfeito e pode não escalar bem, mas você não precisa de mais do que isso para começar. Comece com uma oficina, não com uma fábrica. Não precisamos de um CRM enorme quando uma planilha dá conta do recado. Incluiremos mais dados à medida que avançarmos, mas faremos isso com um propósito. Toda semana eu fico sabendo de mais uma empresa que passou um ano obcecada em definir como armazenar seus dados. Os melhores profissionais de marketing não fazem isso; eles são obcecados em saber como podem *usar* seus dados, fazendo o simples, mostrando que podem ganhar dinheiro e avançando a partir daí.

Comece com as pessoas

A melhor fonte da verdade é simples e direta. É o dinheiro. Quando ganhamos dinheiro com um cliente, sabemos de onde veio esse dinheiro e sabemos quem é esse cliente. Essa é a planilha que queremos criar. Também é a planilha que os diretores financeiros respeitam. Eles tendem a se importar menos com leads ou número de downloads de apps do que com o dinheiro que a empresa tem no banco. Não organize os dados com base em canais, campanhas ou produtos. Comece com as pessoas.

Saiba o nome de todos

O terceiro princípio é o seguinte: precisamos saber o maior número possível de nomes, porque isso nos ajudará a amarrar tudo. Nomes reais. Endereços de e-mail. Números do programa de fidelidade. Algo que, quando analisarmos os dados de diferentes sistemas, nos permita saber que a pessoa que está nesse sistema é a mesma que está naquele sistema. A importância desse princípio é inegável. Uma empresa de entretenimento possui, para cada cliente, até 27 IDs diferentes – um para cada sistema, sem um vínculo em comum entre eles. Assim, não mantém uma conversa decente porque não consegue acompanhar tudo.

Você precisa ser capaz de identificar seus clientes. Ofereça incentivos para que abram uma conta – conteúdo exclusivo, ofertas promocionais, cupons de oferta. (Só tome cuidado para não exagerar e dar toda a sua margem.) Use um único provedor de cadastro, como o ID do Google ou do Facebook, para facilitar sua vida. Algumas empresas são ainda mais criativas e usam ferramentas como *tagging* de campanhas de e-mail para identificar clientes em diferentes dispositivos.

A questão é a seguinte: não importa a abordagem que você escolha, concentre-se em identificar o maior número possível de pessoas. Não aceite como fato que apenas alguns se disporão a fornecer seus nomes antes de fazer uma compra. Faça o que puder para conseguir os nomes. Encontre o equilíbrio certo, a abordagem que produzirá mais nomes ao menor custo. Isso é importantíssimo.

> ## Use tudo o que conseguir obter
>
> Não espere para usar os nomes que coletar. Personalizar seu marketing tem benefícios imediatos. Uma pesquisa descobriu que incluir o nome do destinatário no campo de assunto das campanhas de marketing por e-mail aumentava as taxas de abertura em 20% e as taxas de conversão em 31%, reduzindo as taxas de descadastramento em 17%. Todavia, tenha em mente que você precisa ter informações suficientes sobre seus clientes para fazer isso direito.[*]

---

[*] Navdeep S. Sahni, S. Christian Wheeler e Pradeep K. Chintagunta, "Personalization in Email Marketing: The Role of Non-Informative Advertising Content" (Stanford University Graduate School of Business Research Paper N. 16-14, 23 out. 2016).

Você não precisa de dez mil colunas de dados para ter conversas melhores com seus clientes. Não se trata de registrar tudo. Comece simples. Comece com dados que você sabe que são precisos, em vez de tentar limpar tudo o que coletou. Use nomes para manter a maior padronização possível. A partir daí, você precisa prestar atenção ao que realmente importa em suas conversas. Ensinarei como fazer isso nos próximos capítulos.

Existem empresas que vendem sistemas totalmente automatizados para conduzir essas conversas por você. Algumas são melhores que outras. Mas tome cuidado. É como pedir a um amigo para conversar com o seu crush na escola. Quando seu amigo volta dizendo: "Ele/ela gosta de você!", a sensação é fantástica. No entanto, o que você realmente sabe sobre a conversa? O seu crush gosta de você só como amigo? Ou gosta mesmo de você? Será que ele só estava sendo educado? Essa abordagem pode levar a mais perguntas do que respostas – e, mais cedo ou mais tarde, você aindavai precisar conversar com a pessoa.

Seja seletivo, não complique demais... e aprenda a ouvir.

3

Faça perguntas

Viajo muito a trabalho. Mesmo com todos os dados e recursos disponíveis no *campus* do Google, nada substitui ir a campo e sujar as mãos, ver com meus próprios olhos como os vendedores e atendentes do *call center* capturam as interações com os clientes, os silos que surgem quando as empresas se comportam como dois negócios separados: on-line e off-line – unidos apenas pelo nome da marca – e todas as outras idiossincrasias que os números ainda não são capazes de representar. John le Carré tinha razão quando disse: "É perigoso observar o mundo sentado atrás de uma mesa".[*]

---

[*] John le Carré, *The Honourable Schoolboy* (Nova York: Penguin Books, 2011. Primeira edição em 1977 pela Alfred A. Knopf), 84.

Se você trabalha em dezenas de países, acaba se familiarizando com os rituais de viagem. O mais fascinante vem do próprio setor de hospitalidade – um espaço onde os profissionais de marketing estão tentando capturar dados e conhecer e se adiantar às necessidades dos hóspedes, respeitando seu desejo de reservar quartos com o mínimo de atrito possível. A proliferação de agentes de viagem terceirizados como a Expedia significa que, para a maioria dos hotéis, a conversa com os clientes só começa quando eles chegam ao hotel. E quem quer preencher um questionário ao fazer o check-in depois de um longo e cansativo voo? Mas quais são as opções que restam aos hotéis?

No Ritz-Carlton, os funcionários andam com o que o hotel chama de "anotações de preferências" no bolso do casaco do uniforme. Um método decididamente *low-tech*, mas altamente funcional para capturar mais dados dos clientes. Se o funcionário ouvir de orelhada um hóspede mencionar uma preferência pessoal – um estilo de música ou bebida –, ele anota a informação em um perfil unificado na nuvem para usar em conversas futuras.

Isso é só o começo. O maior ponto forte do Ritz-Carlton e de outros hotéis de alta performance é sua extraordinária capacidade de direcionar essas conversas para coletar as informações das quais precisam e tirar proveito delas.

Um desses hotéis tem seu próprio programa de fidelidade, mas oferece benefícios até para os hóspedes que usam o plano de um concorrente. Por quê? Porque isso sugere um cliente potencialmente valioso que o hotel ainda não conquistou. Sai mais barato do que parece, porque é fácil oferecer vantagens como upgrades de quarto. É um preço baixo a pagar para conhecer um sinal valioso de que um hóspede pertence ao lucrativo segmento de viajantes a negócios e pode ser convencido a oferecer sua lealdade a outro hotel.

Outra rede de hotéis ajustou cada afirmação, cada pergunta feita pelos funcionários, em um experimento de precisão, para testar diferentes combinações de frases com vários grupos de hóspedes e ver qual fornecia os melhores insights de possíveis melhorias. A maioria dos recepcionistas do hotel pergunta no check-out algo como "O que você achou da sua estadia?", o que possibilita que o hóspede se limite a dar a resposta padrão: "Foi tudo bem". Já os funcionários dessa rede de hotéis são orientados a perguntar: "Você tem alguma sugestão para melhorarmos?", uma pergunta que tem mais chances de obter uma resposta sincera que indique oportunidades de melhoria. As reclamações dos hóspedes são registradas no perfil do cliente para garantir que essas coisas nunca mais aconteçam.

Algumas das melhores práticas de marketing se baseiam na curiosidade e em uma conversa inquisitiva com os clientes. Os melhores profissionais de marketing não se limitam a interpretar os dados disponíveis. Eles veem os dados como uma janela para uma história mais ampla e pensam em maneiras de ser participantes ativos da conversa. Fazem ao cliente perguntas rápidas e ágeis para coletar mais informações sobre os objetivos deste, promover o diálogo e aprofundar seu entendimento sobre ele. Esse conhecimento é poder e uma grande vantagem sobre os concorrentes que não se empenham em coletar e usar essas informações.

Como fazer perguntas

Quando falo sobre fazer perguntas, as pessoas dizem: "Ah, vamos enviar um questionário por e-mail! De novo". Pode ser. Nada contra questionários por e-mail. Mas quantos e-mails você acha que seus clientes vão responder? Menos de 3%.[*]

Além disso, não se restrinja ao grande levantamento anual, no qual você faz as mesmas vinte perguntas a todos os seus clientes em busca de métricas ano a ano. Você acha mesmo que as respostas do ano que vem vão ajudar? Isso é quantificação. Estou falando aqui de descoberta e visão de futuro.

Não se limite às mesmas velhas ferramentas e não engavete o poder das perguntas. A curiosidade deve ser compartilhada. Você quer que muitas pessoas da sua organização façam perguntas o tempo todo. Trata-se de inspirar novas ideias, satisfazer a curiosidade, testar hipóteses e fazer novas descobertas. O importante, como na captura de dados, é manter a coisa leve e descomplicada.

Veja três abordagens simples para fazer mais perguntas aos seus clientes e engajá-los em conversas mais profundas.

---

[*] "Email Trends and Benchmarks", Epsilon, 2 trim. 2019.

A primeira é coletar mais dados das interações dos clientes no seu site. Quando as pessoas fizerem uma compra, inclua mais uma pergunta que ajude a se adiantar às necessidades dos clientes. As companhias aéreas que perguntam se o cliente está viajando a negócios ou a lazer obtêm um valioso insight sobre a sensibilidade ao preço para upgrades.

Já está fazendo perguntas? Dê uma misturada nelas. Alterne as perguntas toda semana, coletando novos insights que seriam perdidos se os mesmos formulários passassem meses ou anos inalterados. E não fique obcecado em fazer a mesma pergunta para 100% das pessoas. Você vai descobrir que os insights obtidos são igualmente válidos se fizer a pergunta para apenas 5% delas.

A próxima abordagem é engajar as pessoas fora do seu site também. Novas ferramentas possibilitam, com rapidez, facilidade e baixo custo, fazer levantamentos com seus clientes existentes, com clientes potenciais ou até com os clientes dos concorrentes. O Google oferece um produto chamado Google Surveys que dá acesso a um público de vários milhões de pessoas que são representativas da população e estão mais do que dispostas a responder perguntas sobre empresas e produtos a um custo desprezível. Você também pode segmentar esse público: por localização, por uma série de fatores demográficos, até por pessoas que visitaram seu site ou demonstraram interesse no produto de um concorrente.

Por fim, está surgindo uma nova categoria de produtos de chat on-line que permitem que você se engaje diretamente com seus clientes em tempo real em determinados pontos da jornada deles, fazendo perguntas ou pedindo sugestões sobre como você pode ajudar. Essas ferramentas podem ser altamente eficazes depois de configuradas, embora tendam a consumir mais tempo e dinheiro do que as alternativas.

Nada contra os métodos que você já usa. Eu só quero incentivá-lo a incorporar outras ferramentas para facilitar a tarefa de fazer perguntas mais frequentes e relevantes a seus clientes.

Não se esqueça de que você não pode sair perguntando qualquer coisa às pessoas, sem nenhum critério. Eis uma pergunta que não convém fazer no primeiro encontro: "Então, quanto você ganha por mês?" Existem maneiras melhores de chegar perto da resposta. O que você faz? Onde você mora? iPhone ou Android?[*]

A curiosidade e a prática levam às perguntas certas para o seu negócio. Quer um pouco de inspiração? Veja quatro ideias para começar.

"Esta compra é um presente?"

Comum nas páginas de check-out de compras na internet, essa pergunta costuma ser a última tentativa de vender uma emba-

---

[*] Essa pode ser a melhor pergunta de todas! Uma pesquisa descobriu que os usuários de iPhone ganham em média US$ 53.251 e os usuários de Android, US$ 37.040. Robert Williams, "Survey: iPhone Owners Spend More, Have Higher Incomes Than Android Users", Mobile Marketer, 31 out. 2018.

lagem de presente com uma mensagem personalizada. E, para a maioria das empresas, é exatamente aí que a coisa termina.

Há mais nesta pergunta do que uma tentativa de fazer uma venda. Como bem sabe qualquer pessoa que está escolhendo entre uma joia da Tiffany e uma bijuteria do Walmart, o presente que você escolhe reflete quem você é. Pesquisas demonstram que a compra de um presente reforça a conexão *do comprador* com a marca. O comprador passa mais tempo comprando e comparando as opções, de modo que, quando fecha a compra, ele está comprometido. Em um experimento, os clientes que compraram presentes gastaram 63% a mais com a marca no ano seguinte.[*] Os compradores de presentes tiveram uma frequência de compra 25% maior e gastaram 41% a mais em cada compra. A resposta do comprador a essa pergunta é um sinal de que ele pode valer mais do que sugere uma única compra.

"Quanto você gasta em restaurantes?"

Ou em streaming de filmes, contadores ou hotéis boutique? Perguntas sobre gastos – *share of wallet*, no jargão do marketing – produzem uma resposta que pode ter o incrível poder de dizer se há oportunidade de crescimento. Uma pesquisa com clientes do setor financeiro revelou que, quanto mais

---

[*] Andreas Eggert, Lena Steinhoff e Carina Witte, "Gift Purchases as Catalysts for Strengthening Customer-Brand Relationships", *Journal of Marketing* 83, n. 5 (set. 2019): 115-32.

eles investiam, mais diversificavam seus investimentos em diferentes bancos.* Por exemplo, em vez de deixar US$ 200 mil em um só banco, deixavam 100 mil em um e 100 mil em outro. Se você tiver dois clientes se comportando dessa maneira, precisa saber se já capturou 99% ou apenas 10% dos gastos deles – é neste segundo grupo que reside a conversa mais vantajosa, já que ele tem espaço para crescer.

"Por que você continua voltando ao nosso site?"

Se alguém continua voltando ao seu site – cinco, dez, cem vezes – pergunte por quê.

"Quando você pensa em comprar uma casa?"

"Quando você planeja viajar?"

"Você está procurando alguma coisa específica?"

Alguns clientes, como a nossa compradora de sapatos de salto alto, podem nem saber essas respostas, mas você pelo menos terá como segmentar os que sabem e agir adequadamente. Essas perguntas também podem revelar em que ponto de sua jornada está o cliente e quando você precisa intervir ("Você planeja comprar nos próximos três a seis meses?") – o que pode ser especialmente valioso para aquelas grandes decisões que levam algum tempo para serem tomadas, como a compra de um imóvel, software empresarial ou um carro.

---

* Rex Yuxing Du, Wagner A. Kamakura e Carl F. Mela, "Size and Share of Customer Wallet", *Journal of Marketing* 71, n. 2 (abr. 2007): 94-113.

"Por que você gosta de comprar com a gente?"

As perguntas que você faz podem influenciar não apenas as respostas que obtém, mas também o comportamento do cliente. Faça uma pergunta neutra ("Como foi a sua experiência?") ou uma negativa ("Como podemos melhorar?") e você obterá mais informações; faça uma pergunta positiva ("Por que você gosta de comprar com a gente?") e você obterá mais vendas. Em um teste com clientes de varejo, quando a primeira pergunta foi positiva, seus gastos aumentaram 8% nos doze meses seguintes.[*] Os pesquisadores também analisaram clientes B2B em um teste gratuito. Quando um questionário enviado na metade do período de teste começou com "Do que você está gostando mais na sua experiência com o produto até agora?", eles viram um aumento posterior de 32% nas vendas do produto pago. Outro estudo analisou serviços financeiros e descobriu que perguntas positivas levaram a mais compras e a relacionamentos mais engajados e mais lucrativos com os clientes – benefícios que persistiram por até um ano depois.[**]

A arte de fazer perguntas

O que precisamos saber sobre fazer perguntas, além das perguntas em si?

---

[*] Sterling A. Bone *et al.*, "'Mere Measurement Plus': How Solicitation of Open-Ended Positive Feedback Influences Customer Purchase Behavior", *Journal of Marketing Research* 54, n. 1 (fev. 2017):156-70.

[**] Utpal M. Dholakia e Vicki G. Morwitz, "The Scope and Persistence of Mere-Measurement Effects: Evidence from a Field Study of Customer Satisfaction Measurement", *Journal of Consumer Re search* 29, n. 2 (set. 2002): 159-67.

Aumente seu vocabulário

A maneira como você formula suas perguntas influenciará as respostas; a ordem das perguntas também fará diferença. As palavras podem fazer uma grande diferença. Um estudo de caso com o code.org descobriu que mudar uma simples chamada – de "Saiba mais" para "Junte-se a nós" – ajudou a aumentar a taxa de resposta em 29%.*

A *Harvard Business Review* publicou um estudo no qual dois grupos de pais foram perguntados sobre o que consideravam ser "a coisa mais importante que seus filhos devem aprender para prepará-los para a vida". Um grupo recebeu uma lista de respostas possíveis e cerca de 60% escolheram esta: "pensar por conta própria". O outro grupo recebeu a mesma pergunta, mas em um formato aberto – e apenas cerca de 5% deram uma resposta nesse sentido.** Por quê? Bem, sem escolhas que limitassem suas opções, *eles* foram forçados a pensar por contra própria. Será que dar aos filhos a capacidade de pensar por conta própria realmente era o que os pais valorizavam ou foi apenas a melhor opção em uma lista que lhes foi dada?

Não deixe de experimentar. Tente perguntas diferentes, faça as mesmas perguntas de maneiras diversas e pergunte em momentos distintos. Observe como os clientes respondem e vá fazendo ajustes, do mesmo modo como faria em qualquer outra conversa.

---

* *The Big Book of Experimentation*, Optimizely, 2017.

** Alison Wood Brooks e Leslie K. John, "The Surprising Power of Questions", *Harvard Business Review*, maio-jun. 2018.

Contenha-se

Trabalhei com uma imobiliária que iniciava todas as conversas com clientes interessados fazendo 73 perguntas. Quando você está pensando em comprar sua casa? Que tipo de casa você tem em mente? Essa é a sua primeira ou segunda casa? Você está comprando para morar ou para investir? Por quanto tempo você acha que vai ficar com a casa? Você pretende reformar a casa?

A realidade é que, para conhecer melhor esses potenciais compradores, bastaria saber sua classificação de crédito e a faixa de preço que têm em mente. No entanto, a imobiliária queria descobrir quem realmente acabaria comprando uma casa dali a três a seis meses.

Nenhuma das perguntas lhe dava o sinal que estava procurando. Mas o longo questionário acabava irritando muita gente. Muitos possíveis compradores desistiam lá pela vigésima pergunta. Era complicado demais e eles simplesmente davam as costas. Fazer perguntas demais só tem desvantagens: você ficará soterrado em uma montanha de dados e afastará clientes em potencial. Menos é mais.

Não fique de braços cruzados

A melhor pergunta do mundo não tem valor algum se você não tiver como aplicar a resposta.

"Você gosta de esquiar?"

"Adoro!"

"Vai ter neve?"

"Não."

"Então por que perguntou?"

"Só para saber."

Antes de fazer uma pergunta, decida o que você faria com base na resposta. Não pergunte o quanto a pessoa gasta se isso não for mudar nada para você. Colete com propósito.

E não se dê por contente

As pessoas são quem elas são, mas, ao mesmo tempo, as circunstâncias estão sempre mudando. Use imediatamente os dados coletados e saiba que tudo o que você aprende tem uma vida útil limitada. Você vai ter que repetir as mesmas perguntas aos mesmos clientes porque as respostas mudarão. Como não é possível saber quando a mudança vai acontecer, é sempre interessante perguntar aos clientes rotineiramente. Quando as respostas sugerirem que o comportamento deles está mudando, um estudo mais abrangente pode ser necessário para descobrir as razões.

Não cometa o erro de presumir que você pode aprender tudo o que precisa saber sobre um cliente apenas coletando dados e observando-o. Isso não é conversar, é bisbilhotar. E ninguém gosta de sentir que está sendo bisbilhotado.

Então faça perguntas, porém com propósito. Você já está em uma conversa com seus clientes, quer você saiba disso ou não. Participe ativamente da conversa.

4

Respeite a natureza humana

Uma coisa que as empresas orientadas por dados tentam fazer é insistir na ideia de que os seres humanos são perfeitamente racionais; tomam decisões puramente com base no preço, no valor e nas características do produto ou serviço. Elas acham que os clientes querem o site mais rápido e a entrega mais rápida e que os dados explicam tudo.

Contudo, é possível encontrar muitas oportunidades olhando além dos dados e reconhecendo que o comportamento humano muitas vezes é irracional.

Um distribuidor B2B em crescimento não estava conseguindo oferecer uma boa experiência on-line aos clientes. À medida que a empresa adquiria parceiros e concorrentes, cada um trazia as próprias ferramentas para gerenciar estoques.

Pesquisar qualquer coisa – disponibilidade de produtos, preços ou prazos de entrega – exigia extrair dados de dezenas de sistemas unidos por uma verdadeira colcha de retalhos de código. Os clientes eram forçados a esperar até trinta segundos pelos resultados. Crenças de longa data diziam que velocidade era tudo, e os dados confirmavam isso. Um estudo descobriu que um atraso de cem milissegundos pode levar a uma redução de 7% nas taxas de conversão.[*]

Preocupada com a possível fuga de clientes diante do tempo de espera, a empresa investiu milhões em infraestrutura e em consultores até que, finalmente, integrou os vários sistemas em uma única plataforma de nuvem de última geração, a qual fornecia os mesmos resultados em apenas uma fração do tempo. Pareceu ser a coisa certa a fazer.

Você acha que a empresa ganhou com isso? As vendas não aumentaram. Já as reclamações, sim. Os clientes passaram a reclamar que faltavam produtos e os índices de satisfação caíram. Quando perguntados, mais de 70% dos visitantes disseram que preferiam a plataforma *antiga*. Como assim?

Somos apenas humanos. As pessoas querem ver sinais de que alguém está trabalhando por elas. Pesquisadores identificaram esses sinais quando constataram que, quando os clientes de refeitórios podiam ver os cozinheiros trabalhando na cozinha, a satisfação com a refeição aumentava em 17%.[**]

---

[*] "Akamai Online Retail Performance Report: Milliseconds Are Critical", Akamai.com, 19 abr. 2017.

[**] HBR Editors, "Cooks Make Tastier Food When They Can See Their Customers", *Harvard Business Review*, nov 2014.

Acontece que essa expectativa também se estende às interações digitais. Um estudo de acompanhamento revelou que, embora muitos sites tentem oferecer um desempenho objetivamente mais rápido, os clientes podem considerar o serviço menos valioso se não puderem "ver" o trabalho envolvido.* Isso é especialmente verdadeiro no caso dos resultados de buscas. Uma barra de status se enchendo na tela aumenta o valor percebido dos resultados, mesmo se demorarem mais para ser entregues. A percepção é que os resultados são mais confiáveis e mais satisfatórios. As pessoas se dispõem a esperar até sessenta segundos em vez da entrega instantânea, desde que o tempo de espera lhes dê um insight do trabalho que supostamente está sendo feito.

E, como seria de se esperar, quando o site B2B incluiu uma mensagem de carregamento e um tempo de espera de alguns segundos para reforçar a percepção de confiabilidade, o feedback do cliente melhorou.

Por que você precisa aceitar a natureza humana

Todo mundo tem aquele amigo que parece perfeito, mas que nunca consegue um primeiro date. Ele é bonitão, tem um bom emprego e é rico. Ele tem tudo para ter uma fila de pretendentes à sua porta, mas de alguma forma sempre acaba sozinho.

---

* Ryan W. Buell e Michael I. Norton, "The Labor Illusion: How Operational Transparency Increases Perceived Value", *Management Science* 57, n. 9 (set. 2011): 1564-79.

O marketing, como o namoro, não é quantificável.

O pessoal de marketing costuma presumir que os clientes são seres lógicos e racionais que avaliam os prós e contras de cada escolha – então é claro que eles vão valorizar o site que oferece mais produtos com o menor tempo de carregamento. Essa suposição é verdadeira, mas só até certo ponto. Os dados demonstram claramente que as pessoas abandonam sites extremamente lentos. Todavia, o comportamento das pessoas tem várias nuances e nem sempre o que elas fazem é o que seria de se esperar inicialmente. É isso que faz de nós humanos. Os profissionais de marketing que entendem essa realidade – e agem de acordo com ela na maneira como se apresentam ou apresentam as escolhas para seus clientes – têm uma oportunidade enorme de se beneficiar dela.

Como se beneficiar da natureza humana

Os profissionais de marketing estão incorporando, cada vez mais, a ciência comportamental em seus planos de marketing. E você não precisa saber tudo sobre a ciência comportamental para colher os benefícios. O que estou prestes a contar é o suficiente para guiá-lo na implementação dessas práticas, que é: quando você deve considerar outros fatores ou ajustar a abordagem dependendo das circunstâncias. Que tal dar uma espiada atrás da cortina? Veja algumas técnicas básicas da ciência comportamental.

Dê uma ideia da linha de chegada

Não importa se a questão é abrir uma nova conta ou subir de nível em um programa de fidelidade, ninguém gosta de começar do zero. Dá preguiça estar no pé de uma montanha, olhar para cima e ver todo o caminho a percorrer. Por isso, dê às pessoas uma percepção de progresso e a sensação de que vai ser fácil avançar ainda mais. Um processo pode ter oito etapas, mas você verá melhores taxas de conclusão se apresentá-lo como um processo de dez etapas e mostrar que o usuário já concluiu as duas primeiras. Se você estiver tentando fazer com que o cliente dê mais passos no futuro, apresente os próximos como a peça que faltava em sua jornada ("Você já configurou 90% da sua conta!").

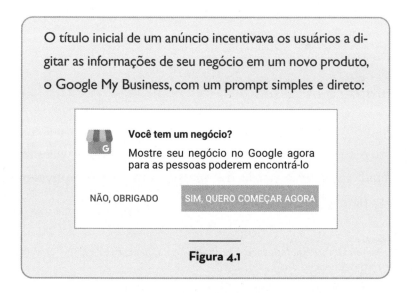

Figura 4.1

Juntos, o título e o botão deixavam claro que o processo estava no começo. Em um caso de teste, o marketing do Google apresentou o prompt a seguir para um grupo separado de usuários, colocando esses usuários bem perto da linha de chegada. Na realidade, os dois grupos estavam partindo do mesmo lugar.

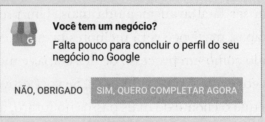

Figura 4.2

O resultado: a versão de teste levou a um aumento de 20% nas taxas de aquisição de clientes, poupando o equivalente a quase US$ 2 milhões em publicidade.

Enfatize a escassez

Quando achamos que algo está em falta, damos mais valor. Esse é o poder da escassez.[*] E as pessoas são duas vezes mais afetadas por uma perda do que por um ganho equivalente. Essa percepção é chamada de aversão à perda.[**]

---

[*] Robert D. Cialdini, *Influence: The Psychology of Persuasion*, ed. rev. (Nova York: Harper Business, 2006).

[**] Amos Tversky e Daniel Kahneman, "Advances in Prospect Theory: Cumulative Representation of Uncertainty", *Journal of Risk and Uncertainty* 5 (1992): 297-323.

A escassez se manifesta em tudo, desde ofertas por tempo limitado a produtos com apenas algumas unidades restantes. Urgência: *Resta apenas 1 quarto*. Advertência: *15 pessoas olhando agora!* (Alguns sites de viagens foram acusados de exibir números aleatórios,[*] mas, na minha experiência, muitos são precisos. O que eles não dizem é que as quinze pessoas geralmente estão pesquisando dias diferentes.)

A aversão à perda está por trás de argumentos de marketing como produtos em liquidação, advertências sobre estoque limitado e bônus promocionais. Essas mensagens têm grande poder de levar um cliente a agir agora para não perder a oportunidade.

> Em outro experimento do Google, a inclusão de um simples título dizendo "Não deixe de aproveitar a ajuda de especialistas" aumentou em 53% a taxa de cliques do programa.
>
> **Não deixe de aproveitar a ajuda de especialistas**
> Um especialista em contas do AdWords analisará suas campanhas de graça. Reserve seu horário hoje.
> Saiba mais | Ignorar
>
> **Figura 4.3**

---

[*] Ophir Harpaz (@OphirHarpaz), "Olha que curioso. Eu estava reservando um voo pelo @OneTravel. Eles disseram que eu tinha que fazer a reserva naquele momento ou corria o risco de o voo esgotar", Twitter, 16 out. 2019, https://mobile.twitter.com/ophirharpaz/status/1184486445039411201. Ele verificou o código de um site de viagens e descobriu que o número era gerado aleatoriamente.

Reúna a galera

A pressão social não é só coisa de adolescentes na escola. Quando as pessoas não sabem ao certo como se comportar, elas recorrem aos outros em busca de uma resposta.[*] É por isso que 82% dos americanos disseram que pedem indicações de amigos e parentes antes de fazer uma compra.[**] O marketing aplica esse insight usando endossos de celebridades ou mencionando quantos clientes fizeram uma determinada ação, como entrar em uma lista de espera ou comprar o novo modelo de um carro. A pressão social também atua nas avaliações de produtos. Então, quando você estiver pesquisando aquela asa-delta motorizada para comprar, lembre-se de que as taxas de conversão aumentam 270% para produtos com pelo menos cinco avaliações em comparação com produtos que não receberam avaliação alguma. (Mas compre a asa-delta de qualquer jeito. Porque é irada.)

> Em um experimento do Google, os usuários que foram expostos a uma tabela de reservas com alguns horários embaçados (indicando que outras pessoas também estavam agendando horários) tiveram uma taxa de cliques 87% maior.

---

[*]   Cialdini, *Influence*.

[**] Todd Patton, "How Are Consumers Influenced by Referral Marketing?" getambassador.com, 2016.

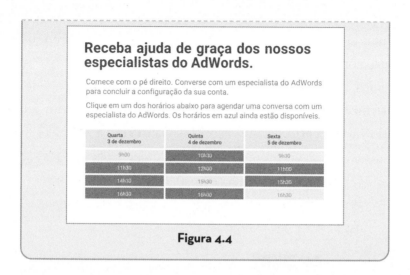

Figura 4.4

Plante uma semente

Quando uma pessoa é exposta a estímulos – como uma palavra, imagem ou estatística –, isso muda a maneira como ela responde a interações futuras. Esse fenômeno é chamado de *priming* (também conhecido como "pré-ativação"). A maioria dos profissionais de marketing se concentra nos efeitos positivos: cores que transmitem uma determinada emoção ou imagens que reforçam um determinado atributo, como nuvens remetendo a maciez. No entanto, também é possível provocar respostas negativas. Um estudo observou que mulheres asiáticas-americanas que foram pré-ativadas com uma pergunta sobre sua identidade racial tiraram notas mais altas em uma prova de matemática.[*]

---

[*] Margaret Shih, Todd L. Pittinsky e Nalini Ambady, "Stereotype Susceptibility: Identity Salience and Shifts in Quantitative Performance", *Psychological Science* 10, n. 1 (jan. 1999): 80-83.

Quando foram pré-ativadas com uma pergunta sobre seu gênero, contudo, suas notas foram mais baixas. O *priming* é uma técnica interessante, mas o lado sombrio dessa força é forte. Oriente, não manipule. Lembre-se de seu treinamento Jedi e tudo vai dar certo.

O título original ("Feito para gamers") em um anúncio pop-up do YouTube Gaming não causou o efeito priming nas pessoas que o viram:

Figura 4.5

Mas a variação do teste sim:

Figura 4.6

Utilizando a técnica do *priming* ("Você é um gamer?") e depois convidando os usuários a se unirem a outros gamers ("UNA-SE AOS GAMERS AGORA"), a equipe do YouTube viu um aumento de 2,3 vezes no número de usuários que clicaram na mensagem.

Somos o que somos: humanos. Somos definidos por uma sucessão de comportamentos irracionais que nem sempre fazem sentido. Conhecer as nuances do comportamento humano lhe possibilita ter conversas melhores com seus clientes. Isso é ciência comportamental e você não precisa ter um doutorado na área para colocá-la em prática; basta aprender o básico – e não deixar de aplicar o que aprendeu. Interagir com seus clientes sabendo que os seres humanos são irracionais será muito melhor do que se limitar a apresentar argumentos racionais.

5

Leia nas entrelinhas

Na vida real, compreender de fato a história narrada em uma conversa vai muito além de apenas ouvir as palavras. As palavras que as pessoas usam nem sempre transmitem o que elas realmente querem dizer. Quando você nota que um colega está um pouco para baixo, pergunta se está tudo bem e ele responde que sim, será que realmente está tudo bem com ele? Quando você pergunta à sua mãe o que ela quer de aniversário e ela dá de ombros e responde: "Não precisa me dar nada, não", será que na verdade ela não quer ser surpreendida com algo especial?

Algumas empresas têm mais dificuldade de ler nas entrelinhas do que outras. Trabalhei com uma montadora que tinha esse problema. Ela estava investindo milhões de dólares em um marketing que não fazia sentido algum, no qual fabricantes, gerentes regionais e revendedores individuais promoviam os mesmos veículos, com uma coordenação digna de um patinador artístico iniciante. Orçamentos separados. Táticas separadas. Sites separados. A montadora sabia que os carros estavam vendendo – afinal, ela fabricava os carros –, mas as conversas que levavam às vendas eram ininteligíveis.

O problema dessa montadora nasceu de uma tentativa bem-intencionada de construir um funil de clientes. É o equivalente do marketing a dizer: "Quero que o primeiro encontro seja assim: vou pegá-la na casa dela e levá-la a um restaurante, vou elogiar a roupa dela, depois vou pagar o jantar, ela vai ficar impressionada comigo e vai topar um segundo encontro. (Quem sabe não rola um beijo na próxima vez?)". Mas será que dá para planejar a realidade desse jeito? Não dá. As interações humanas nem sempre são lineares.

No entanto, isso não impede algumas equipes de marketing de confabular e proclamar o contrário. Uma empresa farmacêutica pode traçar uma linha reta partindo de um cliente que identifica sintomas até esse mesmo cliente consultando um médico e pode decidir que esse é o caminho ideal. Um varejista pode decidir que fazer os visitantes de um site colocarem itens no carrinho de compras é a principal etapa para passar da consideração à compra. Uma vez codificadas as etapas, campanhas são criadas para otimizá-las, reforçando a crença da equipe de marketing de que é assim que os consumidores se comportam. É mais uma profecia autorrealizável do que um funil de marketing.

Na visão da nossa montadora, a ferramenta de customização de veículos no site substituía o processo de check-out. Quanto mais alto fosse o preço do modelo escolhido pelo cliente, mais a equipe de marketing valorizava o canal de publicidade que tinha levado o cliente até lá. A montadora fez seu trabalho; construiu o funil e fez o melhor que pôde para conduzir os visitantes por ele. O resto ficava nas mãos da concessionária, a qual era recomendada pelo site.

Os carros eram vendidos, mas nunca de acordo com as expectativas. Não faltavam justificativas. "Foram as concessionárias que pisaram na bola. Os clientes compraram, só que ninguém nos informou. A internet só gerava uma pequena fatia das vendas e não conseguimos nos destacar no meio da multidão." A otimização de marketing tornou-se um ritual praticado mais com base na fé do que nos dados.

Só que esses dados sempre estiveram lá, sussurrando pensamentos heréticos. A solução da montadora começou por admitir a necessidade de questionar a própria profecia.

Ela substituiu suposições por testes – e não encontrou qualquer correlação entre a customização de veículos e a compra. Era totalmente aleatório. Mas e os visitantes que customizavam os veículos mais caros, que a montadora achava que eram superlucrativos? Experimentos e pesquisas sugeriram que esses customizadores não passavam de adolescentes querendo ver como seria o carro de seus sonhos e entusiastas expressando suas ambições, mas não compradores com intenções reais de compra. O marketing estava gastando milhões de dólares em publicidade para atingir pessoas cujo sinal dizia: "Não tenho condições nem de comprar o modelo básico, então por que não colocar esses aros de US$ 20 mil para ver como fica? Ah, e acho que também ficaria legal com teto solar!" Essas pessoas não estavam comprando carros.

O marketing estava focado no sinal errado. Eles se convenceram de que os clientes queriam ter uma conversa que eles próprios tinham inventado.

Qual era o sinal certo? Depois de muito esforço, eles descobriram que procurar informações sobre financiamento era um sinal de intenção muito mais confiável. Quase ninguém visitava aquele canto do site – porque ninguém procurava se informar sobre taxas de juros ou condições de leasing a menos que estivesse perto de realizar uma compra. Essa é a conversa que os clientes potenciais mais promissores da montadora gostariam de ter. Quando a equipe de marketing se concentrou *nesse* sinal, os números começaram avançar de um jeito que fazia sentido.

Por que os sinais são importantes

Não basta fazer perguntas. As pessoas podem não saber a resposta ou não querer dizer a verdade. Se você perguntar às pessoas como elas ouviram falar de sua empresa, pode ter certeza de que algumas mencionarão canais de publicidade que você não usa e nunca usou. Chegamos a fazer uma pesquisa de diagnóstico perguntando: "Qual é a cor da bola vermelha?" Uma em cada cinco pessoas respondeu "laranja". Que desânimo. Mas você ainda pode analisar combinações de outros sinais – nas quais pequenos detalhes se juntam de maneiras surpreendentes – e levar a conversa adiante.

Vejamos, por exemplo, as devoluções de produtos, que obrigam os varejistas a arcar com mais de US$ 640 bilhões em perdas por ano.[*] O que fazer nesse caso? Você poderia *perguntar* aos clientes se eles pretendem devolver a compra, mas é difícil imaginar alguém admitindo esse grau de pessimismo. Contudo, pode haver alguns sinais reveladores à espreita sob a superfície. O histórico de pedidos do cliente que tem o hábito de devolver as compras. O mesmo produto encomendado em tamanhos diferentes. Um estudo descobriu que, quando os compradores interagem com os produtos, ampliando as fotos para ver a textura do tecido ou rotacionando-as para ver sua aparência de lados diferentes, têm menos chances de devolver a compra.[**] A hipótese é que os compradores que usam essas funções são mais bem-informados sobre o produto que compram.

O Google enfrenta o mesmo desafio em seus negócios B2B. Um dos principais produtos do Google Cloud é o Google Workspace, um pacote de colaboração que inclui versões cor-

---

[*] IHL Group, "Retailers and the Ghost Economy: $1.75 Trillion Reasons to Be Afraid" (relatório de pesquisa, 2015).

[**] Prabuddha De, Yu (Jeffrey) Hu e Mohammad Saifur Rahman, "Product-Oriented Web Technologies and Product Returns: An Exploratory Study", *Information Systems Research* 24, n. 2 (dez. 2013): 998-1010.

porativas de apps como o Gmail. A publicidade paga atrai a maioria dos novos usuários, mas, com a avaliação gratuita de trinta dias, o pessoal de marketing pode ter que esperar até quatro semanas antes de saber se uma conversa está sendo eficaz.

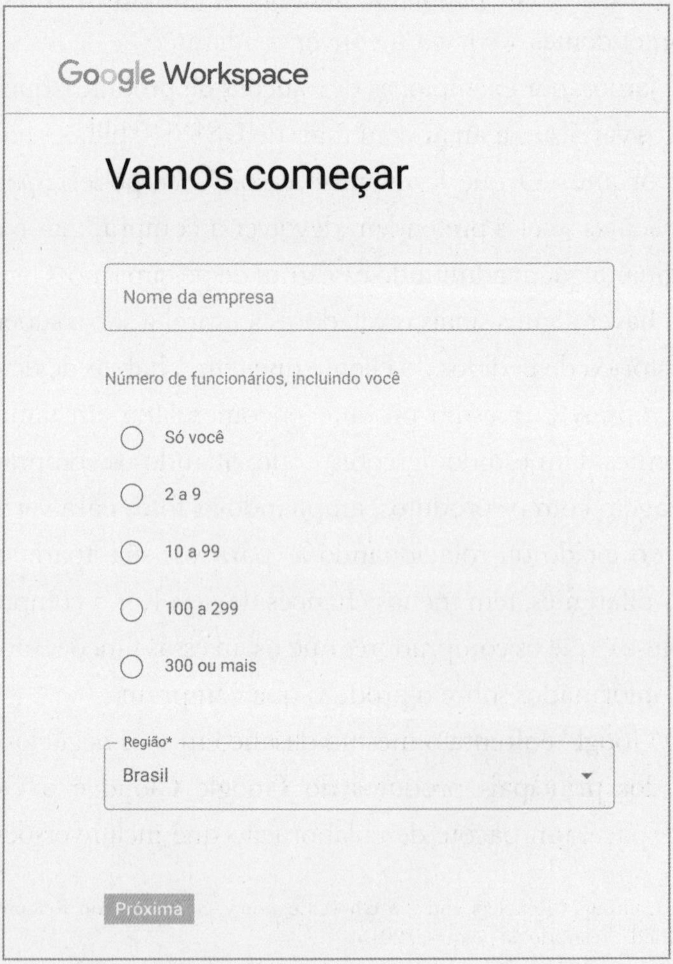

Figura 5.1: Formulário de cadastro do Google Workspace

Os profissionais de marketing podem perguntar às pessoas quão a sério elas estão levando a intenção de compra. (Só que elas nem experimentaram o produto ainda.)

Eles poderiam perguntar sobre o tamanho da organização dos clientes potenciais. (Só que a resposta não revelou muito no passado.)

E eles não podem simplesmente continuar fazendo perguntas sob o risco de transformar a conversa em um interrogatório. Quem tem paciência para isso? (Basta o formulário de cadastro começar a ficar complicado demais que as pessoas já dão no pé.)

Em vez disso, os profissionais de marketing analisam o que rolou na conversa até o momento. O número de vezes que alguém visitou o site do Google Workspace. As páginas do site que a pessoa leu – e por quanto tempo. Se a visita ocorreu durante o horário comercial no fuso horário da pessoa. Se a pessoa concluiu o tutorial ou se incluiu outros membros da equipe à conta experimental. Então o marketing se pergunta: até que ponto essa pessoa se parece com outras pessoas com as quais tivemos resultados que consideramos positivos? O que esses sinais nos dizem? Eles analisam todas as conversas que ocorreram com aquele cliente e as comparam com conversas com outro cliente que contratou o serviço. Com base nessa experiência, o marketing prevê se o novo cliente vai continuar com o serviço ou se ele vai dar no pé e nunca mais voltar. Aprender a interpretar esses sinais mais complexos permitiu ao marketing reduzir o tempo necessário para otimizar as campanhas de 45 dias para apenas 2.

E o que dizer dos diferentes tipos de relacionamento? Alguns sinais complexos e aparentemente aleatórios dos clientes incluem:

- Pessoas que escrevem mensagens de desculpas ao comprar presentes são as que menos se preocupam com o preço. Elas estão tentando se redimir e são mais sensíveis a *upsells*, como frete expresso ou embalagens de presente mais caras. O custo é a menor de suas preocupações.

- Para alguns cartões de crédito, as pessoas que esperam de sete a dez dias para aceitar uma oferta promocional têm mais chances de manter o serviço depois do primeiro ano. A melhor explicação é que esses clientes ficam intrigados com a promoção, como a possibilidade de acumular mais milhas, mas essa não é a única motivação. As pessoas que aceitam imediatamente podem ter feito isso por achar que a oferta é boa demais para ser verdade ou por ficarem surpresas com um banco lhes oferecendo um cartão de crédito. Esses clientes têm mais chances de abandonar a oferta alguns meses depois.

- Quando compradores adicionam um item ao carrinho, estão a um clique de fechar a compra. Essa é a hora de exibir um monte de anúncios relevantes! Pode dar certo. Mas o que no marketing chamamos de "curadoria" – alterar itens no carrinho – é um sinal muito mais forte de que o comprador está efetivamente fechando a compra.

O que tudo isso significa? A capacidade de usar esses sinais é fundamental para saber como uma conversa está progredindo antes de chegar à sua conclusão, quando o cliente decide comprar ou dar as costas para sempre. Também é fundamental para entender que os sinais que os clientes estão enviando podem não ser os que você está procurando. Contudo, os sinais estão lá. Você só precisa procurar os certos. Vejamos como fazer isso.

Como interpretar os sinais

Comece pelo problema

Não comece pela necessidade de usar um software. Por tudo que há de mais sagrado, não cometa esse erro. Comece pensando na pergunta que você precisa responder: qual é a probabilidade de esse cliente fazer *tal coisa* nos próximos trinta dias? Assinar um serviço? Pedir ajuda? Comprar um upgrade? Ter lucro? (Ou não.) Acho que deu para entender. Não deixe de fazer ajustes de acordo com a resposta.

Escolha a sua arma

Alguns profissionais de marketing usam uma planilha para identificar correlações simples. Uma conversa (ou transação) por linha. Na coluna 1: quanto a empresa ganhou? Na coluna 2: a compra foi feita pelo celular? Na coluna 3: a pessoa usou um determinado recurso no nosso site? Eles fazem as contas, organizam os resultados e dizem que as pessoas que fecharam a compra em tal lugar e usaram tal recurso fizeram menos devoluções.

Para todo o resto, vamos precisar de uma ferramenta com mais poder de fogo. Uma maneira de filtrar não apenas centenas, mas milhares, talvez até milhões, de sinais diferentes atuando em combinação para podermos saber quais sinais fazem a diferença – e quais não passam de ruído.

O aprendizado de máquina pode fazer esse trabalho.

Pronto, falei: aprendizado de máquina. Calma. Não é um bicho de sete cabeças.

Sei que o aprendizado de máquina pode ser um tema complexo e tecnicamente denso, e que pode ser preciso um doutorado na área para entender seu funcionamento. Mas você não precisa entrar nesses meandros para usar a ferramenta. Seu celular tem cerca de dez mil vezes mais poder de processamento que o computador Apollo que colocou a humanidade na Lua, mas isso não significa que você precisa usá-lo para construir seu próprio foguete. (A não ser que você seja o Elon Musk.) É bem verdade que o aprendizado de máquina pode ser programado por gênios altamente especializados para guiar um carro autônomo ou para derrotar o melhor jogador de xadrez do mundo, mas você também pode usá-lo apenas para realizar parte do trabalho tedioso que, de outra forma, precisaria ser feito na unha.

Seu cliente pode ter feito mil coisas diferentes no seu site. Tudo o que estamos fazendo é combinar os dados com muito poder de computação para perguntar: "E aí, máquina inteligente que eu não entendo, você pode me dizer se alguma dessas ações é relevante?"

Como, exatamente, isso funciona? Na prática, você fornece os dados originais ("Aqui está tudo que observamos sobre os nossos clientes") e os resultados (por exemplo, receita, valor do tempo de vida, satisfação). O aprendizado de máquina tenta descobrir a combinação de características do cliente capaz de prever o resultado de cada conversa ou otimizá-la para obter os melhores resultados.

Cuide dos seus dados

Você pode se surpreender ao saber que, em muitos projetos de aprendizado de máquina, gastamos até 80% do tempo limpando os dados. Pode ser o mais absoluto caos, e a tarefa pode desanimar um pouco. Você pode encontrar registros de envio de produtos para locais que não existem, registros de venda de produtos em lojas que ainda não tinham sido abertas e clientes duplicados que criaram novos endereços de e-mail só para ganhar cupons de desconto.

Está ficando mais fácil, mas todo projeto de aprendizado de máquina precisa passar por essa etapa. Dê um passo de cada vez. Ao passar para a etapa a seguir, pegue dados que você sabe que já estão em boas condições, como seus dados de transações ou dados do *web analytics*, e veja se eles revelam algo útil. Em seguida, limpe e expanda os resultados para obter insights mais profundos.

Defina uma meta

Nos próximos 180 dias, reúna os recursos necessários para responder à pergunta que você definiu para o seu negócio desde o início. Quais são os sinais que podem dar a resposta? É um desafio possível. Ter uma meta forçará decisões e concessões. Você precisa percorrer todo o processo, identificando um problema, definindo a pergunta que precisa fazer e aprendendo a extrair e limpar os dados necessários para respondê-la.

O recorde de uma empresa com a qual trabalhei é de quatro dias – e não foi só por conta de seus cientistas de dados. Ao fazer esse teste, você verá que a dificuldade do aprendizado de máquina não é a falta de talentos e dados. As maiores dificuldades estão em seus processos internos: trabalhar em colaboração para definir o problema, limpar os dados, obter aprovações, implementar a solução para os clientes. Mergulhe de cabeça, tente fazer e aprenda. Depois da primeira rodada, identifique os gargalos e repita o processo.

Dicas para captar os sinais dos seus clientes

O pessoal de marketing não hesita em entregar projetos técnicos (como o aprendizado de máquina) a especialistas e deixá-los fazer o que quiserem. Não caia nessa armadilha. Você precisa estar por perto para decidir em quais situações é mais importante interpretar os sinais e como aplicar o que aprendeu à conversa. Veja alguns pontos de partida.

Nunca deixe de medir

Desnecessário dizer: você precisa medir seu resultado sistematicamente. Se quiser prever com que frequência alguém falará sobre você (boca a boca) ou como a pessoa se sentirá em relação à sua marca, você precisará de uma maneira confiável de medir o resultado. Caso contrário, não terá ideia da precisão de sua previsão – nem como saber se o que está antecipando realmente vai se tornar realidade!

Explore o mundo

Se você só tentou conhecer pretendentes no altar, não saberá muito sobre namorar, pois só esteve em um lugar e só procurou por um tipo de pessoa. O aprendizado de máquina não terá como lhe dizer nada de novo sobre seus clientes se você não se arriscar e explorar o que o mundo tem a oferecer, fazendo diferentes tipos de perguntas, questionando suas próprias suposições e vendo o que as respostas sugerem. Saia da zona de conforto e dê uma olhada por aí, converse com vários tipos de pessoas. É um jeito diferente de pensar sobre vieses, para além da habitual preocupação de evitar perguntas sugestivas que influenciarão os resultados.

O viés também pode estar nos limites dos dados coletados. Podemos fazer previsões com base apenas nos tipos de conversas que tivemos no passado. As maneiras limitadas com que você tentou estabelecer conversa com as pessoas e o foco em conversar somente com certos tipos de pessoa podem restringir sua capacidade preditiva. Digo isso não só para lhe dar uma ideia dos limites do que você pode fazer neste espaço, mas também para incentivá-lo a sempre explorar novas áreas, capturar esses dados e entender como as conversas podem mudar quando você tenta algo diferente.

Não reinvente a roda

Alguns aspectos do comportamento do consumidor são previsíveis. Daqui a alguns capítulos, apresentarei um modelo estatístico para que você conheça o valor não apenas de conversas, mas de relacionamentos inteiros. Por enquanto, basta dizer que esses modelos podem ser mais eficazes do que o aprendizado de máquina e já foram criados. Eles requerem menos dados. Pegue o caminho mais curto para chegar à resposta que você tem como obter e siga em frente.

Você ficaria surpreso ao saber quantas empresas recorrem ao aprendizado de máquina pelas razões erradas. Elas dizem: vou criar o modelo eu mesma, porque sou diferente e minhas conversas são especiais. Não cometa esse erro. Você não é tão especial assim. Saiba que esses modelos podem ser melhores que os programas de aprendizado de máquina construídos do zero. Aceitar essa realidade pode lhe poupar muito tempo e frustração.

Como profissional de marketing, não cabe a você conhecer o funcionamento de todos os modelos e técnicas, mas é sua responsabilidade manter-se informado sobre as possibilidades e ligar os pontos para os seus analistas. Para isso, você vai ter que encontrar o meio-termo. Preste atenção às novas ideias de acadêmicos que ainda não comercializaram seu trabalho: em periódicos especializados, conferências, trabalhos de pesquisa. Leia os resumos no começo dos artigos e confira as implicações para as empresas no fim. Abra a mente. Deixe seus cientistas e analistas de dados decifrarem tudo o que há no meio. Para todo o resto, o aprendizado de máquina deve lhe poupar algum tempo. Seja criterioso na escolha.

Não esqueça que tudo muda

A montadora cujo caso contei mudou o foco de sua mensagem e passou a conduzir a conversa no sentido de o cliente pensar em como pagaria pelo carro novo. As vendas de carros melhoraram e davam a impressão de ser bastante mensuráveis. Tudo parecia estar indo muito bem... até que começou a ir mal.

Vi a razão assim que entrei no site da fabricante: ofertas de financiamento espalhadas *por toda parte*. Fotos deslumbrantes de carros substituídas por ofertas de financiamento. Localizadores de concessionárias transformados em calculadoras de leasing. Chamadas para ação, campanhas por e-mail, posts em redes sociais – tudo promovendo maneiras de pagar seu carro novo.

Eles erraram na mão. Hora de voltar a aplicar o modelo, mas agora com dados atualizados. Hora de fazer algo diferente.

O marketing está sempre em busca de otimizar. Uma vez que o interesse das pessoas em opções de financiamento tornou-se a medida do sucesso de marketing, as informações sobre financiamento foram priorizadas em detrimento dos outros conteúdos – apesar de imagens atraentes, especificações detalhadas e localizadores de concessionárias também serem necessários para levar o comprador ao ponto de compra.

É como usar uma roupa um dia e todo mundo elogiar. Se você se empolgar com os elogios e repetir a mesma roupa nas próximas semanas, a reação vai mudar. As preferências também mudam. Mercados e concorrentes mudam.

Insights não são verdades eternas. Nunca pare de fazer perguntas, realizar testes, procurar sinais. Use o que puder hoje, mas nunca deixe de investir em encontrar respostas para amanhã.

A todo momento, você está no meio de centenas de conversas, recebendo incontáveis sinais, às vezes conflitantes. O sucesso depende de saber a quais sinais você deve prestar atenção, adiantar-se às necessidades dos clientes e agir adequadamente. O aprendizado de máquina ajudará você a decifrar tudo isso. Comece com o que é oportuno para sua empresa, seja ágil em suas ações e tenha em mente que tudo que você fez no passado afetará a maneira como poderá responder no futuro. Então, coloque a mão na massa.

6

Conduza a conversa

Caso você não saiba, sou uma pessoa muito importante: um verdadeiro VIP. Um comprador altamente valorizado. Digno de ganhar frete expresso grátis, acesso antecipado a ofertas e cupons exclusivos.

Pelo menos foi o que me informou o e-mail de um varejista.

Não resisti. Fui correndo me gabar para minha esposa, que, apesar de ter comprado mais de trinta vezes naquele mesmo varejista no ano passado, ainda precisaria pagar o preço cheio. Enquanto isso, eu só comprei algumas meias. Talvez uma camiseta.

Talvez as minhas compras tenham sido de alta margem.

Ou será que o foco deles era na moda masculina?

Ou será que alguém simpatizou comigo? Afinal, usei um monte de emojis sorridentes quando falei com o SAC naquele dia. 🙂

Um amigo que trabalha no varejista explicou o que realmente estava acontecendo: eu estava custando muito dinheiro a eles. Eu não era um cliente excelente. Eu era um cliente ruim.

Quando as melhores empresas mensuram as conversas com os clientes, elas também mensuram o custo. Quanto cada interação com um cliente custa para a empresa e qual é o custo total da conversa? Algumas empresas mensuram cada minuto que passam ao telefone com você, multiplicam pelo custo do tempo do atendente e mantêm um total atualizado para decidir se você vale o esforço.

Era o que aquele varejista estava fazendo, mas ele estava focado no custo de publicidade da conversa. Ele estava contando meus cliques. A minha indecisão, a minha insistência em comparar preços ou esperar pela promoção certa significava que eu havia clicado em mais anúncios que a média dos compradores. Eu estava pressionando para baixo os resultados financeiros deles.

A equipe de marketing tinha uma escolha a fazer. Eles poderiam parar de me mostrar anúncios, cortar seus custos e esperar que eu voltasse por conta própria – com o risco de me perder para um concorrente. E, mesmo reduzindo as margens deles, eu ainda era lucrativo. Diante disso, eles preferiram se engajar na conversa de maneira a orientar meu comportamento.

Ofereceram a mim (e a outros clientes de alto custo) benefícios especiais que só poderíamos acessar em um site exclusivo construído exclusivamente para nós. Se eu clicasse em qualquer anúncio e entrasse no site oficial, eles me tratariam como tratam a minha esposa: nada de especial. (Só neste contexto, devo esclarecer para o caso de ela estar lendo.) Contudo, se eu fosse diretamente ao site especial deles – a custo zero para o varejista –, seria tratado como VIP. Agora eu sabia o segredo deles. E mesmo assim fiquei me sentindo especial.

Por que você precisa conduzir a conversa?

Não basta ouvir e se adiantar. Também precisamos falar, para influenciar o rumo da conversa.

Entretanto, a maioria dos profissionais de marketing só tem duas coisas a dizer. "Eis exatamente a mesma coisa que eu disse da primeira vez! Você não quer mesmo comprar?"

Ou...

"Tudo bem, vou segui-lo pela internet até você dizer sim."

Quanto antes entrarmos na conversa e quanto melhor for nossa resposta, maiores serão as chances de conduzirmos a conversa para obter o resultado que queremos. Não se trata apenas de controlar custos. É claro que o objetivo pode ser esse, mas também se trata de contar a história da empresa, conquistar confiança e aumentar as vendas.

O que o varejista estava me dizendo com seu programa VIP era: "Ei, por mim tudo bem se a gente passar um tempo juntos.

Só não quero ir a outro restaurante três estrelas. Que tal uma cerveja e um cachorro-quente?" Eles só usaram palavras diferentes.

Como conduzir a conversa

Não posso ditar o que você deve dizer em todas as circunstâncias. A não ser que você queira que eu fique falando no seu ouvido por um microfone o tempo todo. (Você não vai querer. Costumo ser muito prolixo e falo muito rápido.) O que posso fazer é dar alguns exemplos, começando simples e aumentando em complexidade, para lhe dar algumas ideias.

Sempre tenha novidades para mostrar

Isso é algo que só alguns sites fazem de fato. Nos demais, não importa se você visite uma vez ou centenas, vai encontrar a mesma mensagem, o mesmo conteúdo, a mesma experiência. O máximo que você vai ver será um pequeno mecanismo de recomendação: "Você pesquisou tal produto na sua última visita; dê uma olhada de novo!" Ou talvez uma saudação pessoal: "Bem-vindo de volta, Neil!" E é só.

Já em uma conversa, é preciso personalizar a experiência para o usuário. Se for a primeira visita dele ao nosso site, talvez seja melhor não forçar uma compra; pode ser melhor dizer apenas: "Vamos lhe apresentar nossos produtos. Vamos educá-lo sobre o valor dos nossos produtos". Se for a décima visita, a mensagem pode ser um empurrãozinho para a compra.

As variações são infinitas. A ideia é começar a mudar o que você diz com base no número de vezes que vocês se encontraram.

Poupe seu fôlego

Sabe aquela nossa compradora de sapatos que visitou um site 261 vezes antes de finalmente comprar um par de sapatos de US$ 450 na 262ª visita? Descobrimos em um estudo interno que apenas 2% a 3% dos compradores on-line são tão extremos – ainda bem! –, mas eles podem absorver até 10% do seu orçamento de publicidade. Esses compradores, mesmo se comprarem alguma coisa, acabam custando dinheiro.

Identifique os clientes que estão consumindo muito tempo ou muitos recursos ou estão devolvendo muitas compras. Depois encontre uma maneira de gastar um pouco menos com eles para poder gastar mais em outro lugar. A maioria das plataformas de publicidade permite excluir esses clientes de futuras campanhas de marketing ou depois de determinados pontos da conversa e ver se eles voltam e compram por conta própria.

Não dê as costas antes da hora

Já falamos sobre usar dados para adiantar-se ao que está por vir em uma conversa.

Em um projeto, uma rede de hotéis descobriu que os hóspedes estavam retornando ao site alguns dias antes de uma reserva, muitas vezes por meio do marketing de busca paga. No entanto, em vez de fazer outra reserva, eles só entravam no site para confirmar os detalhes da estadia. Cento e quarenta mil dólares em publicidade desperdiçados por ano sem gerar novas reservas.

A solução foi a seguinte: 72 horas antes do início de uma reserva, começar a mandar e-mails com todas as informações das quais o hóspede precisaria. A localização. Como chegar do aeroporto ao hotel. Os números de telefone caso eles precisassem de ajuda. Um grande banner no topo: "Sua reserva já está confirmada. Você não precisa fazer mais nada". Absolutamente brilhante.

Não custava nada mandar os e-mails. E a empresa começou a perder ainda mais dinheiro.

Hein? Como assim?

É verdade que os e-mails livravam as pessoas de ter de confirmar os detalhes de sua estadia, só que também lembravam alguns viajantes a negócio de que eles estavam prestes a ser cobrados por um quarto que tinham esquecido de cancelar. A empresa poupou US$ 0,05 por um clique em um anúncio, mas perdeu uma reserva de US$ 200.

Na rodada seguinte, a empresa aprendeu a prever os clientes que poderiam cancelar e os excluiu dos lembretes. Essa é a cadência. Você ouve. Você pergunta. Você aprende. Ou você não faz nada e só arca com a perda.

Não temos como saber como serão as conversas com os clientes. Essa é a graça da coisa. Contudo, não podemos ser passivos. Podemos escolher o que vamos dizer. Podemos cortar nossos custos. Podemos influenciar o resultado. É hora de sermos mais que observadores passivos. Precisamos ter em mente que cada cliente é único e agir de acordo com isso também. É o que veremos a seguir.

PARTE 2

Relacionamentos

7

Vamos falar sobre os seus amigos

As pessoas costumam me fazer as mesmas perguntas sempre que conto a história da cliente que, antes de comprar, clicou em tantos anúncios que fez o varejista de calçados ter prejuízo.

E se ela voltar?

E se ela só estivesse precisando de um tempo para conhecer o varejista?

E se ela se apaixonar pela marca e se tornar uma cliente fiel?

Dá para entender o raciocínio. Afinal, adquirir um novo cliente custa 5 a 25 vezes mais do que reter um existente.[*]

Mas será que ela voltou?

Não. Ela não voltou. Nunca mais.

---

[*] Amy Gallo, "The Value of Keeping the Right Customers", *Harvard Business Review*, 29 out. 2014, https://hbr.org/2014/10/the-value-of-keeping-the--right-customers.

No fim, o objetivo é: não descartar o cliente assim que ele fizer uma compra e, ao mesmo tempo, não nos deixar abater com a dificuldade de encontrar novos clientes e não cair em desespero e tentar agarrar qualquer um que mostre o mínimo interesse. Tudo começa com aquela primeira conversa, mas o que você deve fazer em seguida?

Vamos supor que não estamos falando apenas de uma pessoa indecisa em uma loja de calçados na internet. Digamos que você encontrou cem pessoas, cem clientes. Você acha que todos terão o mesmo valor para a sua empresa?

É claro que não. Isso seria ridículo.

Como acontece na vida, uma pequena parcela será composta de parentes – parentes legais, não aqueles que você evita fora do Natal. Outra será composta de bons e velhos amigos. Outras não farão parte do seu círculo íntimo, enquanto outras ainda você mal conhecerá. O mesmo pode ser dito dos clientes da sua empresa. Apenas um punhado deles será fiel – clientes que compram na sua empresa e que fazem questão de sair falando bem dela para quem quiser ouvir.

Em geral, você obterá 80% do valor – tanto na vida quanto nos negócios – dos 20% das pessoas que você conhece. São essas pessoas que vão determinar seu negócio e sua lucratividade.

Depois, você tem os amigos com quem curte passar um tempo, mas que vêm e vão de acordo com as circunstâncias. E depois há as pessoas que só entraram no seu círculo por comodismo – talvez porque você foi o único que atendeu o telefone às duas da manhã quando elas precisavam conversar –, e tudo bem também. Até que você chega às pessoas que só estão interessadas em um relacionamento transacional com você e outras que você poderia simplesmente dispensar.

O desafio é descobrir onde cada uma se encaixa em seu negócio.

Se for como a maioria das empresas, você está tratando todas essas pessoas do mesmo jeito. Você dá a mesma atenção a todas. Gasta o mesmo para alcançar cada uma delas. Oferece as mesmas promoções. E fica animado com qualquer resposta de qualquer uma. Você ama todos os seus clientes!

Vamos falar sobre como encontrar os clientes que são mais valiosos do que todos os outros juntos. Os clientes fiéis. Eles se lembrarão de você – e esperam que você se lembre deles. Não se limite a cumprimentá-los pelo nome. Não se limite a personalizar os e-mails que manda para eles. Isso não basta para fazer alguém se sentir amado, quanto mais as pessoas mais importantes da sua vida.

Não basta aprender a conduzir uma boa conversa. Também precisamos aprender a construir relacionamentos – com as pessoas que importam.

8

Saiba em que pé as coisas estão

As empresas já estão em um relacionamento com seus clientes, ainda que não reconheçam isso ou não meçam explicitamente esse relacionamento. É uma mera questão de força e valor – de saber o quanto você é importante para seus vários clientes. Quem é um melhor amigo? Um conhecido? Uma breve aventura romântica? Quem são os clientes que se cadastraram só para pegar aquele desconto de 75% e que nunca mais voltarão? Quem são os parceiros comprometidos e de longo prazo que não estão recebendo a atenção que merecem?

É possível responder a essas perguntas com a precisão que só a matemática oferece. A métrica que usamos para entender o relacionamento com o cliente é conhecida como valor do tempo de vida do cliente (ou CLV, do inglês *customer lifetime value*). Um modelo CLV prevê o valor de cada um de seus relacionamentos ao longo do tempo de vida deste. O modelo está rapidamente se tornando a métrica indispensável para os profissionais de marketing que querem saber se estão criando um valor sustentável para sua empresa ou apenas se posicionando entre as transações.

Cálculo do CLV

O cálculo do CLV é bastante simples. É como seguir uma receita – uma receita deliciosa, como fazer um bolo de chocolate ou uma cerveja artesanal, o que for mais a sua *vibe*. (Como não sei nada sobre fazer cerveja artesanal, vou dar o exemplo do bolo de chocolate.) Notei que as pessoas têm suas próprias receitas para esse tipo de coisa – e são muito passionais na hora de defendê-las. A receita que recomendo foi testada com milhares de clientes e vários estudos constataram que ela rende os melhores resultados.[*]

Sei que nem todo mundo se convence com esse tipo de argumento. Tudo bem. Gosto não se discute quando se trata de CLV, então vamos colocar a mão na massa.

---

[*] Pavel Jasek *et al.*, "Modeling and Application of Customer Lifetime Value in Online Retail", *Informatics* 5, n. 1 (2018): 2; e Shao-Ming Xie and Chun-Yao Huang, "Systematic Comparisons of Customer Base Prediction Accuracy: Pareto/NBD Versus Neural Network", *Asia Pacific Journal of Marketing and Logistics* 33, n. 2 (maio 2020).

1. Junte os ingredientes

Você só vai precisar de três tipos de informação: os dados, o valor de suas transações* e algum tipo de ID para associar várias transações à mesma pessoa. Vou me referir a isso como o nome do cliente, mas também pode ser o ID, o e-mail, o número do programa de fidelidade – qualquer coisa que ligue os pontos do histórico de compras desse cliente.

Vamos falar sobre volume: de quantos dados você precisa?

O que for maior: 24 meses ou seis vezes o tempo médio entre as transações. Se os seus clientes compram, em média, a cada seis meses, você vai precisar de 36 meses de dados. Divida esses dados em dois, usando os primeiros dezoito meses para calibrar seu modelo e os próximos dezoito meses para validá-lo. Se você tiver à mão vários anos a mais de dados, inclua-os. Se tiver menos, não tem problema. O teste de validação mostrará se chegamos perto.

ID	Data da Transação	Valor da Transação
1234	01/01/2020	US$ 150,00
5678	14/01/2020	US$ 22,00
9012	03/02/2020	US$ 78,00
3456	04/02/2020	US$ 364,00

Figura 8.1

---

* Algumas empresas usam a receita para simplificar, mas é melhor usar o lucro.

2. Coloque no forno

O que acontece no modelo CLV é brilhante, mas nada muito complicado. Para simplificar, criei uma ferramenta on-line fácil, do tipo arrastar e soltar. Basta pegar seus dados e jogá-los lá...

https://convertedbook.com/clv

... e prepare-se para pegar seu bolo quando ele sair do outro lado.

Em longo prazo, é importante que todo o pessoal de marketing saiba o que acontece dentro do forno, para poder controlar todo o processo de ponta a ponta. Eu aconselho a investir o tempo necessário para aprender os modelos, entender por que eles funcionam e o que pode ser melhorado. Aqui, porém, nosso foco é o valor – provar que os modelos funcionam e ganhar algum dinheiro. *Spoiler*: sim, eles funcionam e, sim, você vai ganhar dinheiro. Mas não deixe que o sucesso o impeça de se aprofundar no estudo das pesquisas e aprender mais.[*]

3. Tire o seu bolo do forno

Se você escolheu usar uma receita diferente, tudo bem. A cozinha é sua. De qualquer forma, quando tirar o bolo do forno, é necessário que o formato da sua tabela seja parecido com esta:

---

[*] Se você estiver realmente interessado (é isso aí, gostei de ver!), a abordagem que estamos adotando segue os modelos BG/BB e Pareto/NBD popularizados por Peter Fader, professor de marketing da Wharton School da Universidade da Pensilvânia, e Bruce Hardie, professor de marketing da London Business School.

ID	CLV	Transações futuras previstas	Valor médio por transação futura	Probabilidade de transação futura
1234	US$ 7.790	82	US$ 95,00	0,99
5678	US$ 5.250	100	US$ 52,50	0,98
9012	US$ 3.850	70	US$ 55,00	0,98
3456	US$ 3.416	28	US$ 122,00	0,95

Figura 8.2

Dependendo de como você optar por seguir minha receita (ou a sua própria), a sua tabela pode ter mais do que essas cinco colunas. Tudo bem. Vamos ignorar as outras por enquanto.

O que você tem é uma previsão de como será seu relacionamento com cada cliente. A coluna ID é só o nome – ou, pelo menos, como você os identifica em seus sistemas. Na verdade, nosso foco é no CLV: quanto valor eles trarão para a empresa. Em outras palavras, a oportunidade. O valor é calculado multiplicando-se o número de transações futuras previstas para o cliente pelo valor médio por transação futura. A probabilidade de transações futuras é exatamente o que o nome diz. Quais são as chances de esse cliente voltar a comprar conosco? Falaremos sobre isso mais adiante.

4. Prove/teste o bolo

E agora? Como conhecer a precisão dessas previsões sem esperar meses ou anos para ver como esses relacionamentos vão se desenrolar? Uma empresa que usasse todos os seus dados para construir o modelo teria de fazer exatamente isso – o que tiraria o sentido de um modelo preditivo. Entretanto, como mencionei acima, o modelo divide os dados em duas metades, usando a primeira como um período de calibração para construir o modelo e a segunda para testar sua precisão. O gráfico da Figura 8.3 mostra os resultados, permitindo comparar a previsão obtida pelo modelo do comportamento dos clientes com base nos dados do primeiro semestre (a linha pontilhada) com o comportamento real com base nos dados do segundo semestre (a linha contínua).

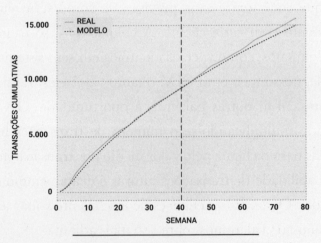

Figura 8.3: Transações cumulativas

A linha pontilhada é o nosso resultado previsto, e a linha contínua é o resultado real. Nada nos impede de só passar os olhos pelos resultados, mas é melhor quantificá-los medindo o espaço entre as duas linhas. (Não precisa pegar a régua. O modelo faz as contas.) Se as linhas estiverem uma em cima da outra, a "taxa de erro" é praticamente zero. Quanto mais elas divergirem, maior é a taxa de erro. O termo técnico para a taxa de erro geral é erro percentual absoluto médio (MAPE, para os íntimos; do inglês *mean average percent error*). Se o MAPE geral for maior que 10%, não podemos confiar o suficiente na qualidade do bolo para servi-lo a uma visita. É triste, mas você vai precisar jogá-lo no lixo.

Por que alguns bolos decepcionam? Geralmente, por três razões. A primeira é a insuficiência de dados. Você só precisa observar mais alguns clientes por mais algum tempo. A segunda é a má qualidade dos dados. A maior dificuldade não está naqueles erros grosseiros que você detecta passando os olhos, mas sim no número a mais que pode surgir aqui ou ali e pode ser quase impossível detectar automaticamente. Valores negativos são outra eterna agonia – como é o caso das devoluções de produtos ou ofertas com prejuízo só para atrair novos clientes –, mas também têm solução. A terceira razão é a falta de previsibilidade. Alguns relacionamentos são totalmente aleatórios e dependem das circunstâncias instáveis do cliente simplesmente porque a vida é assim. As coisas mudam. Aquele novo emprego requer que o cliente gaste para se mudar de cidade ou para viajar, aquela demissão o força a colocar todas as despesas no cartão de crédito.

Algumas empresas terão mais facilidade que outras para fazer um bolo delicioso. Algumas podem ter que dedicar um pouco mais de tempo para acertar a receita. Mas praticamente todas têm condições de chegar lá.

5. Fatie o bolo

Falta só um passo nesse processo antes de nos despedirmos da metáfora do bolo. Juntamos os ingredientes, assamos o bolo e fizemos nosso teste de sabor. Hora de servir, certo? O que você faz? Coloca o bolo inteiro na mesa dos seus analistas e lhes diz para pegarem um garfo? Não. Seria uma bagunça. Use a ferramenta para fatiar o bolo em cinco pedaços ou segmentos.

Segmento de clientes	Valor médio/ pessoa	Valor total	% da receita
1	US$ 3.200	US$ 283.200.000	81%
2	US$ 350	US$ 30.975.000	9%
3	US$ 200	US$ 17.700.000	5%
4	US$ 120	US$ 10.620.000	3%
5	US$ 80	US$ 7.080.000	2%

Figura 8.4

Na Figura 8.4, 80% do valor provém dos 20% dos clientes pertencentes ao segmento superior. Os 20% dos clientes pertencentes ao segmento inferior contribuem com apenas 5% do valor ou menos. A maioria desses relacionamentos segue essa distribuição 80-20 – chamada de princípio de Pareto. É claro que a sua distribuição pode variar. Por exemplo, quando se trata de bens de consumo como alvejantes, cremes dentais e suco de laranja, o valor é distribuído mais amplamente entre os segmentos de clientes. Os 20% dos clientes pertencentes ao segmento superior podem gerar apenas metade do valor. Outros setores podem diferir muito dessa regra. Em apps de celular, a Apple descobriu que 95,2% das cobranças na App Store provêm de pouco menos que 8% dos clientes.[*]

É indispensável entender o comportamento dos seus clientes – e agir convenientemente. Não importa quantos segmentos você use para agrupar seus clientes, essa é a melhor maneira de apresentar seu trabalho para as pessoas a fim de lhes permitir entender o conceito: vocês podem estar tratando todos os clientes do mesmo jeito, direcionando-se a todos os clientes do mesmo jeito e gastando a mesma coisa com todos os clientes *hoje*, mas sua empresa depende do relacionamento com alguns poucos clientes.

---

[*] Epic Games, Inc. v. Apple Inc., N.D. Cal., 4:20-cv-05640-YGR, https://app.box.com/s/6b9wmjvr582c95uzma1136exumk6p989/file/811126940599, slide 20.

Não deixe seu diretor financeiro de fora

Somar o valor do tempo de vida de seus clientes individuais fornece uma boa estimativa do valor de toda a sua base de clientes para a empresa, uma métrica conhecida como *customer equity*. Os diretores financeiros estão começando a prestar atenção nisso. A métrica é mais confiável que a alegação de que foi o marketing que impulsionou todas as vendas do período e, ao mesmo tempo, identifica categoricamente os investimentos de longo prazo que estão se pagando para manter os relacionamentos vivos e saudáveis. Você suou a camisa. Use os resultados para pedir um orçamento maior, alinhar os esforços das equipes de produto e de vendas aos seus e reforçar o compromisso da sua empresa com o marketing. Para saber mais sobre como colocar em prática essas palavras esperançosas, consulte o site do livro.

É neste ponto que tudo começa a se encaixar. E com propósito. Estamos começando simples, com dados – o nome do cliente, o valor e a data da transação – e depois prevendo como os clientes se comportarão. Um insight fundamental e importantíssimo é que alguns clientes são muito mais valiosos para a sua empresa do que outros.

Pegue esses dados e guarde-os. Não só isso. Guarde-os com muito cuidado e carinho. Eles vão render muito dinheiro à sua empresa à medida que avançarmos. Vamos usá-los para fazer muito mais do que fatiar o bolo em cinco pedaços, a começar com a próxima lição. Isto foi só um gostinho do que está por vir. Eu disse que a minha receita era deliciosa. Quer mais?

9

Encontre pessoas melhores

Era uma vez um analista de fundos de hedge que quis abrir uma loja na internet com foco na qualidade de seus clientes. Ele sabia que algumas pessoas seriam mais valiosas para seus negócios ao longo do tempo do que outras. A questão era como encontrá-las, como atraí-las para a loja e como construir um excelente relacionamento para que elas continuassem voltando e comprando. E ele encontrou um sinal: algo que os indivíduos com alto patrimônio líquido e alta renda disponível nos Estados Unidos tendem a comprar com mais frequência que as pessoas no extremo oposto do espectro.

Livros.

Foi com base nesse insight que a Amazon nasceu: a confiança de Jeff Bezos de que ele havia encontrado um sinal que todo o setor do varejo estava ignorando. E ele usaria esse sinal para coletar dados sobre compradores abastados. Para quem estava vendo de fora, o plano não fazia sentido algum; essas pessoas pensavam e falavam em termos de transações: "Os livros não passam de commodities. As margens são baixas. E, ainda por cima, você está dando frete grátis. Como acha que vai conseguir competir com os concorrentes estabelecidos?" Em um artigo do *The New Yorker* em 2017, o jornalista George Packer descreveu a resposta de Bezos a um cético nos seguintes termos: "Bezos disse que a Amazon pretendia vender livros como uma forma de coletar dados sobre consumidores abastados e instruídos. Os livros seriam vendidos quase a preço de custo para aumentar o volume de vendas. Depois de coletar dados de milhões de clientes, a Amazon poderia descobrir como vender todo o resto a preço de banana na internet".*

O que essa resposta revela é que Bezos pensava e falava em termos de relacionamentos. Ele acreditava que, se pudesse atrair compradores de livros, oferecer uma experiência incrível e construir excelentes relacionamentos com eles, seria fantástico para a Amazon. Não porque ele teria vendido um livro a esses compradores, mas porque poderia vender mais coisas, coisas diferentes, depois. Ele não só criaria bons vínculos com seus melhores clientes, como também deixaria os concorrentes brigando pelos clientes menos valiosos.

---

* George Packer, "Cheap Words", *New Yorker*, 17-24 fev. 2017.

Relacionamentos levam tempo para se formar, e Bezos sabia que a Amazon não os construiria da noite para o dia. Ele deixou claro para os investidores que perderia dinheiro até estabelecer as bases dos relacionamentos e depois as expandiria para outras categorias.

Isso foi no fim dos anos 1990 e a Amazon continua à frente dos concorrentes até hoje. A empresa é muito melhor que qualquer concorrente em entender seus clientes. Ela ouve. Faz perguntas. E aplica o que aprendeu. Se você observar o valor médio do tempo de vida de um cliente da Amazon Prime, verá que é quase trinta vezes maior que a média dos clientes de varejista.[*]

Como conhecer pessoas melhores

Falamos sobre como avaliar seus clientes identificando os mais – e os menos – importantes e analisando as implicações dessas avaliações para sua empresa. Agora a questão é como aplicar esse conhecimento para adquirir clientes melhores. Você verá que seus dados primários – as informações que sua empresa coleta por conta própria, específicas para o seu negócio – fornecerão as respostas.

---

[*] Brendan Mathews, "What's a Prime Member Worth to Amazon.com?", *Motley Fool*, 20 fev. 2018, https://www.fool.com/investing/general/2014/04/21/whats--a-prime-member-worth-to-amazoncom.aspx; e Danny Wong, "How Ecommerce Brands Can Increase Customer Lifetime Value", CM Commerce, 8 mar. 2017, https://cm-commerce.com/deep-dive/increase-customer-life time-value.

Do ponto de vista de um profissional de marketing, há três maneiras de desenvolver seu negócio. Você pode conhecer pessoas novas (aquisição); pode melhorar os relacionamentos que já tem (desenvolvimento); ou pode trabalhar para salvar relacionamentos que correm o risco de ser perdidos (retenção). Cabe ressaltar que a maior parte do seu esforço deve ir para a aquisição. Encontrar excelentes relacionamentos – como os clientes que aprendemos a identificar – é muito mais fácil que tentar transformar alguém em uma pessoa melhor. Mesmo com todo o otimismo do mundo, esse tipo de coisa simplesmente não acontece muito nem de modo fácil. Então, vamos falar sobre como encontrar mais clientes excelentes.

Dê o próximo passo

Vamos começar com a planilha produzida com a receita de bolo do capítulo anterior. Uma a uma, coluna a coluna, você vai incluindo novas dimensões de comportamento aos resultados. Qual é o valor do tempo de vida de todos os clientes que foram adquiridos usando um cupom de desconto em relação aos que não foram assim adquiridos? E na temporada de vendas do Natal? E no site em comparação com o app? E se analisarmos os clientes de acordo com a categoria de produto que eles compraram primeiro? Veja como pode ser a sua primeira análise.

ID	CLV	Canal de aquisição	App?	Cupom de desconto na primeira compra?
1234	US$ 7.790	Busca paga	Sim	Não
5678	US$ 5.250	Busca paga	Não	Não
9012	US$ 3.850	Redes sociais	Não	Sim
3456	US$ 3.416	Afiliado	Não	Não

Figura 9.1

O objetivo é identificar as características ou os comportamentos dos clientes que serão mais – não menos – valiosos para você. Você pode usar esses insights para criar campanhas melhores, dando mais ênfase às características que levam a relacionamentos melhores e evitando as que levam a relacionamentos piores.

Esse conhecimento é desenvolvido com base em dados primários. Os dados coletados pela sua empresa são exclusivos da sua empresa e fornecerão insights específicos aos seus clientes. Você pode começar a preencher as lacunas com sinais com o potencial de ajudar a responder à pergunta: quem é um cliente de alto valor para a sua empresa? Uma das características mais importantes que você deve observar é onde os clientes são adquiridos. Eles foram adquiridos por meio de buscas pagas? Por display marketing?

Comece com uma ferramenta de planilha simples, como o Excel ou o Planilhas Google, e use uma tabela dinâmica para identificar padrões simples nos dados. Nada complicado. Só o suficiente para provar que seus clientes se comportam de maneiras diferentes.

Vejamos um exemplo – e, sim, eu sei, é um exemplo do Google: "Em média, os clientes adquiridos no Google têm um valor do tempo de vida 24% mais alto que os clientes adquiridos em outros canais. A diferença é ainda maior (27,8%) para os clientes que se engajaram primeiro com a publicidade no Google e depois compraram off-line".* É claro que os seus resultados podem variar.

Agora, no caso de algumas variáveis – como downloads de apps ou programas de fidelidade –, é interessante saber se você realmente esperava que essas plataformas ou programas gerassem mais valor. Você criou o app na esperança de impulsionar as vendas ou porque queria marcar presença no celular do cliente, ter a possibilidade de enviar uma mensagem na tela inicial a qualquer momento? E o seu programa de fidelidade? Será que ele realmente está construindo relacionamentos mais lucrativos ou só reconhecendo um comportamento que teria ocorrido de qualquer maneira? Se a resposta for que você esperava que essas ações levassem a um valor do tempo de vida mais alto e não é isso o que está acontecendo, pode valer a pena repensar sua estratégia. Veja o exemplo de um relatório que mostra como o CLV médio muda com base na maneira como o cliente foi adquirido:

---

* Tat Y. Chan, Ying Xie e Chunhua Wu, "Measuring the Lifetime Value of Customers Acquired from Google Search Advertising", *Marketing Science* 30, n. 5 (set.-out. 2011): 837-50.

Canal de aquisição	Valor médio da transação inicial	CLV médio
Busca paga	US$ 80	US$ 6.400
Display marketing	US$ 360	US$ 1.280
E-mail marketing	US$ 95	US$ 2.000
Afiliado	US$ 480	US$ 800
Vídeo	US$ 410	US$ 4.500
Desconhecido/outros	US$ 65	US$ 3.050

Figura 9.2

Os profissionais de marketing que analisam as interações individuais tendem a olhar apenas para as duas primeiras colunas. Eles perguntam: "De onde os clientes vieram?" e "Quanto gastaram hoje?" Eles só olham para as duas primeiras colunas da tabela anterior, veem que o valor médio da transação resultante do marketing de afiliação é o mais alto e chegam à conclusão óbvia: "Vou investir aí tudo o que tenho".

Mas o que a terceira coluna revela é que, apesar de essas pessoas gastarem muito na primeira transação, não sobra muito valor residual. Elas gastam muito hoje e depois não voltam mais. Elas não contribuem muito para seu negócio como um todo. Adquirir mais desses clientes não é a melhor estratégia.

Para esse varejista, a busca paga conta uma história muito diferente. Esses clientes gastam muito menos em sua transação inicial, porém geralmente gastam muito mais depois.

Quase oito vezes mais, para ser mais preciso. Eles são um investimento muito melhor.

Não estou dizendo que esse vai ser o seu caso. Os seus números contarão a própria história.

Não seja tímido

Lembre que você não está limitado aos dados que já possui. Já falamos sobre a importância de fazer perguntas no contexto de uma conversa com seus clientes. Pergunte quais atributos da sua marca os clientes consideram mais importantes. É o seu atendimento que seus clientes de alto CLV valorizam mais? A incrível seleção de produtos? O prazo de entrega? Às vezes, as empresas usam pesquisas, que abordamos no Capítulo 3. O Net Promoter Score, ou NPS, é uma pesquisa muito utilizada: "Em uma escala de 0 a 10, qual é a probabilidade de você recomendar nossa empresa a um amigo ou colega?" Seu objetivo é descobrir em que extensão o entusiasmo dos clientes se correlaciona com o que acontece num segundo momento.

Confie na sua experiência

Você encontrou seus clientes mais valiosos. Descobriu os atributos que eles mais valorizam. Qual é o valor desse conhecimento para sua empresa? Absolutamente zero – até você colocá-lo em prática.

Usando uma lista de endereços de e-mail de seus clientes mais valiosos, muitas redes de anúncios, incluindo o Google, podem usar sinais para criar campanhas publicitárias capazes de alcançar mais pessoas como esses clientes. Depois de todo o trabalho pesado que você fez calculando os CLVs de seus clientes, não deixe de dar esse passo simples para colocar os resultados em uso. Entretanto, dê a si mesmo espaço suficiente para trabalhar. Se sua lista contiver apenas seus melhores relacionamentos, pode não haver pessoas suficientes no mercado para atender a essas expectativas. Comece com uma lista mais ampla – digamos, os 25% clientes mais valiosos – para se concentrar primeiro em ganhar volume.

Oriente-se pelos ganhos

O problema da primeira abordagem é que ela é incrivelmente simples, mas você não estará se beneficiando do que tem de mais valioso: seus dados. Você simplesmente estará dizendo ao Google: "Ei! Gostei dessa pessoa", e caberá ao Google fazer sua mágica com o que *ele* sabe. Contudo, o Google não pode ter o tipo de conhecimento que resulta de um relacionamento real com a pessoa, como os produtos que ela comprou ou as campanhas nas quais clicou. Todos os insights que você começou a reunir na primeira parte desse exercício podem (e devem) ser levados em conta nas suas campanhas. Não precisa ser nada dramático. Gaste um pouco mais em campanhas que se direcionam aos sinais positivos de um relacionamento e gaste menos nos sinais menos positivos, validando e fazendo ajustes à medida que avança.

Concentre-se no potencial dos clientes

Sempre que começa um novo relacionamento com um cliente, você prevê o valor dele. Se você quiser que as redes de anúncios forneçam as melhores recomendações de clientes novos e melhores, não deixe de compartilhar esses dados com elas. Caso contrário, seus amigos (esperamos que sejam amigos) que trabalham nas redes de anúncios não saberão a quem apresentá-lo. Faça isso atualizando o valor que você envia de volta para sua rede de anúncios, comumente conhecido como valor de conversão. A maioria dos profissionais de marketing envia o valor de transações individuais – aquela compra única e imediata. Os mais experientes estão começando a fornecer o valor do tempo de vida – o valor de longo prazo para a empresa.

Qual dessas opções eu recomendo? Direcionar-se a um público semelhante, a primeira opção, vence em virtude de sua simplicidade. A segunda opção, direcionar-se por atributo, é mais difícil, pois você precisa responder *por que* os clientes são valiosos e não apenas *quem* é valioso. Contudo, para obter públicos potencialmente maiores e insights mais profundos – os produtos dos quais eles mais gostam, os comportamentos que têm em comum – a fim de orientar as suas próximas ações, mais cedo ou mais tarde será mais interessante usar a terceira opção: atualizar os valores de conversão para o CLV. No entanto, não comece por aí. É melhor começar simples, aprender e avançar com base no que aprendeu.

Tente fazer o contrário

Lembre que tudo também funciona ao contrário. Da mesma forma como tem como descobrir as características que identificam seus clientes de alto valor, você pode descobrir as características que identificam – e excluir – os piores clientes. Você não precisa deliberadamente encerrar esses relacionamentos; afinal, esses clientes ainda estão gastando *alguma coisa*. Só não lhes dedique muita atenção em comparação ao que estão lhe oferecendo. É melhor investir esse esforço e dinheiro em outro lugar.

Uma advertência: não gaste todo o seu dinheiro buscando mais clientes de alto valor, pelo menos não imediatamente. Comece gastando *um pouco* mais com clientes valiosos e *um pouco* menos com os menos valiosos. Observe como os clientes respondem, certifique-se de que seus esforços estão valendo a pena – e mantenha um pé-de-meia para se proteger contra riscos.

Dicas para encontrar os clientes que importam

A primeira impressão é a que fica

Você pode ter dados demais sobre seus clientes. Ou de menos. Por onde começar? Sugiro começar desde a primeira interação, o primeiro encontro. Em geral, os comportamentos nesses momentos – e estou falando de tudo, incluindo as categorias de produtos que eles compraram, a temporada na qual a compra foi feita e o uso de códigos promocionais – podem lhe dar uma ideia de como o relacionamento vai evoluir. Como disse Oscar Wilde: "Minhas primeiras impressões sobre as pessoas são invariavelmente corretas".*

Julgue os outros por suas ações

Nos velhos tempos do marketing por catálogo, não era possível coletar muitas informações sobre seus clientes. Você não tinha como saber quantas vezes eles abriram o catálogo, o que viram primeiro, onde estavam quando decidiram olhar o catálogo. O pessoal de marketing dependia da demografia para fazer sua segmentação.

A demografia é real e concreta, e aponta para o que nos é familiar. É por isso que o pessoal de marketing adora criar personas: "Esta é a Jane. Ela tem 34 anos, é recém-casada, tem dois filhos e adora usar roupas de ginástica para fazer bicicleta ergométrica em casa".

Já as características comportamentais não são tão empolgantes. "Esta é a Cecília. Ela visitou nosso site onze vezes antes de comprar."

Mas a realidade é a seguinte: os atributos comportamentais (o produto comprado, o número de vezes que o cliente visitou

---

* Oscar Wilde, *A importância de ser prudente*, ato 2.

o site) têm muito mais valor que os dados demográficos (idade, sexo, renda familiar). Não há nada de errado em criar personas; contudo, se elas se concentram na demografia, estão focadas na coisa errada.

Use os dados. Veja o que seus clientes realmente estão fazendo e comprando.

Repense suas ferramentas

Pode acontecer de você chegar a um ponto em que sua planilha não vai mais dar conta de analisar a interconexão entre milhares de sinais diferentes. Depois de explorar as respostas fáceis, você talvez tenha que escalar.

Para algumas empresas, a solução pode ser o aprendizado de máquina. Os computadores são capazes de analisar dados com muito mais rapidez do que analistas meramente humanos. O aprendizado de máquina pode ser automatizado e revelar padrões que você pode deixar passar, bem como mudanças nos padrões. Com algumas ferramentas capturando mais de cem mil sinais só no seu site, é impossível analisá-los manualmente. Contrabalançando o poder desse conhecimento, estão os limites do valor prático do que você pode aprender. O insight detalhado de que aqueles clientes que compraram seu produto na Califórnia pelo preço cheio em dezembro pelo celular na promoção de frete grátis têm um CLV superalto pode ser indetectável, já que poucos clientes apresentarão esse padrão. Desse modo, o aprendizado de máquina não reconhece o valor de tal comportamento.

Ainda assim, os benefícios do aprendizado de máquina podem ser significativos e, até certo ponto, necessários. Só não cometa o erro de achar que você precisa começar pelo aprendizado de máquina. Prove que você é capaz de adquirir novos clientes de alto valor começando com técnicas simples de segmentação antes de mergulhar em técnicas mais complexas.

A ideia aqui é olhar para todos os seus clientes, descobrir o que faz com que os melhores sejam especiais e sair em busca de mais desses clientes. É como fazer novos amigos. Damos uma olhada nos nossos relacionamentos anteriores e pensamos: "Eu adorava essas e aquelas qualidades, mas lembro que odiava aquelas outras". Com o tempo, aprendemos a gravitar em torno das pessoas com quem nos damos bem. No mundo do marketing, você aplica a mesma dinâmica – e é a coisa mais importante que você precisa fazer. Mas não é a única.

10

Aceite as pessoas por quem elas são

Um milhão de caras entram num bar no Vale do Silício.

Ninguém compra nada.

O bar divulga um sucesso estrondoso.

Essa história de autoria desconhecida virou uma piada famosa.

Contudo, a aspirante a unicórnio da qual vamos falar era diferente. Ela tinha todos os elementos certos. Seus clientes gastavam, em média, US$ 550 ao longo de seu tempo de vida, mas estavam sendo adquiridos por uma mera fração disso, pouco mais de US$ 4. Grandes investidores jogaram lenha na fogueira. As aquisições aumentaram a ponto de gerar a desejada curva de crescimento em formato de taco de hóquei.

O CEO visionário prometeu revolucionar a humanidade com sua equipe de gestão espetacular e seu exército de clientes.

O que se seguiu foi praticamente uma liquidação de queima de estoque. A avaliação do unicórnio despencou 98% no ano seguinte e, para os investidores, a piada perdeu a graça.

Investiguei os acontecimentos com ajuda de um executivo demitido e de alguns copos de cerveja e o que surgiu foi uma lição sobre o que não fazer; uma lição mais baseada na empatia – pensando que a história poderia acontecer com qualquer um – do que na burrice.

Os investidores definiram as metas de crescimento. Agressivas, porém viáveis. À medida que a empresa explorava um segmento de cliente após o outro, seu produto nem sempre se encaixava à perfeição, mas era vendável. Os custos de aquisição de clientes (CAC) cresceram exponencialmente, atingindo um pico próximo aos US$ 200, mas o custo ainda deixava muito valor a ser explorado.

O alerta veio de um relatório padronizado, gerado rotineiramente e ignorado vez após vez: qual porcentagem das vendas estava sendo gerada por clientes novos em comparação com clientes recorrentes? Os novos clientes até compravam – fruto do orçamento de aquisição, dos anúncios e das promoções –, mas a maioria comprava uma vez e desaparecia para sempre.

Foi uma grande lição sobre o que não fazer no que diz respeito ao valor do tempo de vida do cliente. Você pegou a dica no começo da história? A empresa estava usando um valor *médio* de US$ 550. Em sua estratégia e em seu argumento de vendas, todos os clientes tinham aquele valor, independentemente de quem fossem ou de como fossem adquiridos. Só que, na prática, uma pequena fração valia muito mais e a maioria valia muito, muito menos. Você sabe disso agora, mas eles não sabiam. Aquele CAC de US$ 200 era muito superior ao que muitos de seus clientes valiam.

Com muito dinheiro no banco e a boa vontade do conselho, eles tomaram uma decisão ousada e cometeram o maior pecado do CLV: tentaram transformar clientes de baixo valor em grandes gastadores, transformar chumbo em ouro.

Os esforços de aquisição foram deixados de lado. A empresa inteira se voltou a reconquistar seus clientes existentes. Mais dinheiro. Mais marketing. Mais promoções. Margens sacrificadas.

Alguns clientes voltaram. A maioria, não. No fim, a empresa vendeu o que sobrou: basicamente, uma lista de clientes e um pouco de estoque remanescente.

Por que é melhor não acreditar que as pessoas vão mudar

Muitas empresas acreditam em sua capacidade de desenvolver relacionamentos incríveis e lucrativos com qualquer cliente, desde que consigam convencê-lo a entrar na loja ou no site. "Os clientes vão ver que a empresa é perfeita para eles, se tiverem essa oportunidade. Vamos dar cupons! Frete grátis! O que for preciso para atraí-los." Foi o que vimos no espaço das "ofertas do dia" anos atrás. Restaurantes, padarias e estúdios de ioga atraíam hordas de clientes por US$ 5 cada, engolindo o custo com a esperança de transformá-los em clientes de alto valor. A maioria nunca voltou. Eles só queriam a oferta, não o relacionamento.

Não é o jeito certo de qualquer empresa pensar em seus clientes. É *incrivelmente difícil* atrair um monte de clientes e tentar transformá-los em clientes valiosos. Mudar o comportamento de um cliente é quase como tentar mudar uma pessoa – tentar transformá-la em sua alma gêmea por meio de esforço e determinação, quando ela simplesmente não tem o mínimo interesse em você. Existem algumas coisas que você pode fazer para melhorar sua probabilidade de sucesso em, digamos, passar alguém do último para o penúltimo degrau. (Falaremos disso daqui a pouco.) No entanto, você nunca vai levar essa pessoa até o topo. Não construa seus planos de crescimento em torno disso. O caminho para o esquecimento está cheio de esqueletos de empresas que cometeram esse erro.

Em um estudo de 2011, pesquisadores chamaram a atenção para a dificuldade de executar uma campanha de vendas cruzadas bem-sucedida.[*] "A taxa média de resposta medida pela compra de um cliente dentro de três meses após uma campanha de vendas cruzadas é de aproximadamente 2%", eles constataram. É um desperdício de energia e recursos, um exercício vazio em busca da mediocridade... ou pior.

---

[*] Shibo Li, Baohong Sun e Alan L. Montgomery, "Cross-Selling the Right Product to the Right Customer at the Right Time", *Journal of Marketing Research* 48, n. 4 (ago. 2011): 683-700.

Então, o que aquele unicórnio poderia ter feito diferente?

Para começar, eles deveriam ter identificado e respeitado as diferenças na maneira como os clientes se comportariam e gastariam. As médias podem ser incrivelmente enganosas e, no caso, levaram às péssimas decisões da empresa. Uma vez identificado seu pecado original, eles poderiam ter corrigido seus esforços de aquisição para se concentrar em encontrar mais pessoas como os clientes de alto valor que já haviam atraído. Só que eles fizeram o contrário, cometendo um segundo pecado: tentaram transformar relacionamentos terríveis em excelentes, em uma busca inútil à qual poucas empresas sobrevivem.

As melhores empresas procuram conhecer os comportamentos de seus melhores clientes e criam campanhas de aquisição de acordo com esses comportamentos. Até elas conquistam clientes ruins, por mais que tentem evitá-los. É fato: às vezes cruzamos com pessoas na nossa vida que teria sido melhor não conhecer. Não estou dizendo que você não deve tentar se beneficiar ao máximo desses clientes. Meu ponto é que você precisa ser realista sobre até que ponto eles podem mudar (se é que podem) e investir com base nisso. Vejamos como.

Como mudar as pessoas tanto quanto possível

Dê boas sugestões

Nenhum sinal é mais claro que uma compra. O cliente se comprometeu. Beneficie-se ao máximo desse momento. Os mecanismos de recomendação podem extrair um pouco mais de valor de cada compra aumentando-se o tamanho da transação: tamanhos maiores, quantidades maiores, produtos complementares. Você comprou o trenzinho de brinquedo; não se esqueça das baterias! Um estudo descobriu que as recomendações da Amazon são responsáveis por mais de 35% da receita da empresa, mas mais da metade dos varejistas não usam essa técnica.* Setenta e cinco por cento das visualizações na Netflix são impulsionadas por recomendações.

Também não se limite a conversas no site ou no ponto de venda. Você pode ser proativo e também fazer recomendações em campanhas de e-mail e anúncios de display, por exemplo. Desde que sejam relevantes para o cliente, essas recomendações não prejudicarão seu relacionamento com ele. Há evidências de que a promoção de produtos complementares – até 48 horas após a venda inicial – ainda pode ser eficaz.

Encontre mais para oferecer

Essa é a solução ideal para empresas ambiciosas: elas procuram coisas novas para vender, coisas complementares capazes de alavancar os relacionamentos com seus clientes atuais. Empresas maduras com ofertas de produtos claras e definidas nem sempre são tão ágeis – mas isso não quer dizer que elas não possam ou não devam tentar vender coisas novas também.

---

* Ian MacKenzie, Chris Meyer e Steve Noble, "How Retailers Can Keep Up with Consumers", McKinsey & Company, 1 out. 2013.

Nossos cálculos de valor do tempo de vida pressupõem que um cliente nunca mudará, que sempre será a mesma pessoa e que não crescerá como cliente em consequência de novos produtos e serviços. Se você só vende móveis, está calculando o valor do tempo de vida de todas as pessoas que compram móveis. E se você também vendesse TVs? A gigante dos seguros Allstate chegou a descobrir que era quatro vezes mais eficaz fazer vendas cruzadas de novos produtos aos clientes existentes do que adquirir novos clientes.* Se aquele bar do Vale do Silício quiser ter algum sucesso, vai ter que começar a vender algumas asinhas de frango com molho de barbecue e mel.

Não encoraje todos os clientes

Se você decidir desenvolver relacionamentos com os clientes, não invista em todos eles. Você precisa procurar sinais que identifiquem a quem deve se direcionar – e quem deve evitar, ou seja, aqueles clientes que custam caro demais. (Veremos que isso também se aplica à retenção, que discutiremos a seguir. Mas não vamos nos precipitar.)

Pesquisas apontam para uma vantagem dessa dinâmica: a identificação de fatores como o tempo entre as compras, a taxa de devolução de produtos e a categoria de uma compra

---

* Pamela Moy, "Not Just for Newbies: Use Digital to Nurture Your Existing High-Value Customers", Think with Google, jun. 2017.

inicial pode ser usada para melhorar muito a eficácia das vendas cruzadas, na medida em que mira clientes melhores.*

E o que acontece quando a empresa foca as pessoas erradas? Outro estudo descobriu que, embora as vendas cruzadas em geral sejam lucrativas, um em cada cinco clientes na verdade custará dinheiro à empresa. O preço de encorajar essas pessoas é alto, respondendo por 70% de todas as transações que dão prejuízo.** "Quanto mais compras cruzadas um cliente não lucrativo fizer, maior será a perda", diz o estudo.

Você se lembra do que falamos sobre fazer perguntas? Ajuste sua abordagem perguntando sobre o *share of wallet*: "Então, Ana, quanto você gasta em viagens por ano?" (Ou livros, ou refrigerante, ou qualquer outra coisa.) Se você só estiver recebendo uma pequena fatia dos gastos de Ana, pode haver uma oportunidade de expandir e aprofundar esse relacionamento; se já estiver recebendo uma fatia grande, a oportunidade despenca.

---

* V. Kumar, Morris George e Joseph Pancras, "Cross-Buying in Retailing: Drivers and Consequences", *Journal of Retailing* 84, n. 1 (abr. 2008): 15-27.

** Denish Shah e V. Kumar, "The Dark Side of Cross-Selling", *Harvard Business Review*, dez. 2012.

Ninguém quer ser o bar do Vale do Silício e virar piada. Evitar esse destino começa por alocar a maior parte do seu tempo na aquisição de clientes excelentes. É muito mais fácil fazer isso que tentar mudar um cliente existente. Ainda assim, você pode fazer algumas coisas para aumentar um pouco o valor de seus relacionamentos existentes. Tenha cuidado, porém, para não se empolgar demais; você não vai pegar um relacionamento terrível e transformá-lo no amor da sua vida. Contudo, nada o impede de pegar um cliente que já é excelente e conduzi-lo na direção certa. Seus clientes médios podem ser convencidos a gastar um pouco mais. Mas não deixe seu otimismo falar mais alto que o bom senso. Aproveite ao máximo as oportunidades que já estão debaixo do seu nariz – e depois siga em frente.

11

Tudo bem se não der certo

Quando se trata de estabelecer relacionamentos duradouros, tudo se baseia na retenção do cliente. É isso o que faz todo o resto funcionar. O manobrista que encontrou o passaporte esquecido de uma hóspede e disparou para entregar o objeto a ela no aeroporto agora tem uma cliente que não só ficará no mesmo hotel na próxima oportunidade como também será uma evangelizadora e deixará uma avaliação empolgada no TripAdvisor. A loja de varejo que aceitou a devolução de uma roupa comprada em liquidação décadas atrás sem questionar o cliente agora tem um cliente fiel que vai ser o primeiro da fila para comprar os lançamentos da nova estação pelo preço cheio. Certa vez, minha esposa errou o endereço e, em vez de mandar entregar um pedido de ração de cachorro na nossa casa, nos arredores de San

Francisco, enviou o pedido para a casa da mãe dela, em Chicago, do outro lado do país. "Não tem problema", o atendente do SAC disse. "Vamos lhe dar o dinheiro de volta. E sua mãe pode doar a ração para uma ONG de resgate de cães se ela quiser." Desde então, fazemos questão de só comprar nesse varejista.

Duvido você não abrir um sorriso com essa história. É claro que você está sorrindo. Todo mundo adora essas histórias. Estou para encontrar uma empresa que não concorde que a retenção é importantíssima. No entanto, quando eu conto como as melhores empresas abordam o tema retenção, as pessoas perdem a empolgação no mesmo instante: "Nossa empresa é uma formiga em comparação com eles; estamos longe de ter as mesmas margens; não temos condições de fazer o que eles fazem".

Não é o tamanho que importa, nem as margens. Os mestres da retenção só estão usando melhor os dados que têm. Estão distinguindo os clientes que valem a pena dos que não valem e fazendo isso não com base na margem de uma única transação, mas no valor do tempo de vida dos clientes.

O serviço de streaming de vídeo da Amazon, atualmente conhecido como Amazon Prime Video, reembolsa proativamente os clientes pelos filmes que eles alugam quando detectam que a experiência de visualização não estava de acordo com os padrões da empresa.[*] Eles não se preocupam com os US$ 2,99 que estão perdendo com o produto, como a maioria das empresas faz. A Amazon é famosa por pensar em longo

---

[*] https://www.sec.gov/Archives/edgar/data/1018724/000119312513151836/d511111dex991.htm. Se você entrar no link, verá que o serviço originalmente se chamava Amazon Video on Demand. Que literal!

prazo. Como sabem que, se não intervierem, o cliente vai virar as costas para sempre, eles agem para salvar o relacionamento, mesmo que o problema não tenha sido causado pelo serviço deles, mas pela largura de banda do cliente.

Temos também as companhias aéreas.* Você pode ser o cliente mais VIP no plano de fidelidade, mas isso não fará diferença alguma na resposta que elas darão quando você tiver um imprevisto e implorar para não pagar a taxa de mudança de voo. Elas atribuem uma pontuação com base no valor que esperam que você traga para o relacionamento e, ainda mais importante, o seu risco de sair do relacionamento. Voe com frequência de San Francisco para Nova York, uma rota lucrativa e competitiva, e elas farão de tudo para manter você em seus aviões e não nos dos concorrentes. Voe para o hub delas por pura falta de escolha e elas não lhe darão um upgrade nem se você suplicar de joelhos, pois sabem que você não tem outra opção além delas.

Por que você precisa se concentrar no que está em jogo?

Se eu pisar na bola com a minha esposa, posso comprar um buquê de flores no supermercado ou fazer um jantar romântico para ela. E faço isso mesmo se não tiver culpa nenhuma.

É sério. Não foi culpa minha!

Pelo menos é o que eu acho.

---

* Gary Leff, "How American Airlines Scores Its Customers", *View from the Wing*, 3 nov. 2018; Jeff Edwards, "American's Top-Secret Passenger Ratings May Come to Light", *flyertalk*, 12 nov. 2019.

Na verdade, não importa. Meu relacionamento com ela é muito importante para mim e aprendi que ainda não sei identificar todos os sinais. Mas e se for um mero conhecido? Aí basta um pedido de desculpas por telefone ou talvez até menos, uma mensagem por WhatsApp se já faz um tempo desde a última vez que nos falamos.

Você não pode tratar todos os seus clientes como commodities, assim como não pode fazer isso com seus amigos ou familiares. Seria um desastre. Entretanto, seus relacionamentos com seus clientes mais valiosos são muito mais importantes para você do que com os outros clientes. Não coloque os dois no mesmo saco. Fique sempre atento a sinais de que algo pode estar errado – mas baseie suas ações no que está em jogo para sua empresa.

Essa é a tendência do mercado. À medida que seus concorrentes ajustam as abordagens, as expectativas dos consumidores aumentam. O exemplo do Prime Video da Amazon vem de uma carta que Jeff Bezos escreveu a seus acionistas em 2012, explicando por que a empresa teve tanto sucesso. E eles melhoraram muito suas práticas de retenção desde então. E a sua empresa?

Como saber quando intervir

Procure a bagagem

Comece procurando um sinal de que algo está errado. Sinais específicos no site, como cancelamento de assinatura ou visita à página de suporte para cancelar uma conta, são sinais de que o relacionamento já está nas últimas. É como ver seu companheiro fazendo as malas e saindo de casa, declarando que é o fim. Salvar esse relacionamento é praticamente uma batalha perdida. Procure outros sinais: redução do uso do serviço, menos visitas ao site, diminuição da taxa de abertura de e-mails. As empresas também observam o aumento do tempo entre as compras.

Uma segunda opção é adotar uma abordagem de modelagem, como discutimos no Capítulo 8. Você pode usar os dados e o aprendizado de máquina para identificar sinais que apontam para os relacionamentos com seus clientes mais promissores – e pode usar a mesma técnica para identificar os clientes em risco. Ligar todos os pontos individuais é mais eficaz que qualquer sinal isolado. Ela ainda não retornou minha ligação. Será que isso é um problema? Os modelos têm mais chances de levar em consideração tudo o que aconteceu no relacionamento.

Você também tem uma terceira opção, um meio-termo, se usar a receita do bolo de chocolate que ensinei para calcular o valor do tempo de vida. A vantagem dessa abordagem é que ela oferece às empresas uma maneira objetiva de saber se alguém é, de fato, um cliente ou não. Muitas empresas consideram cliente qualquer pessoa que olhou para elas, se inscreveu para receber uma newsletter ou comprou uma vez há dez mil anos atrás. Outras são mais seletivas, porém arbitrárias. A pessoa comprou nos últimos 12 meses? E nos últimos 24 meses? Será que isso conta?

O modelo que compartilhei produz uma coluna de dados – conhecida como probabilidade de transação futura – que diz: "Com base no que já observamos, qual é a probabilidade de esse cliente voltar a comprar?" O modelo faz o trabalho pesado e os resultados são vinculados a cada um de seus clientes. A resposta pode ser 90%. Ou 10%. Pode ser que o relacionamento já nem exista mais. Toda semana, quando você executa o modelo, ele fornece um número atualizado. Você pode ver as tendências e até se um relacionamento isolado pode estar saindo dos trilhos. (Eu disse que era uma receita espetacular.)

Pondere as suas chances

De todos os clientes que estão enviando sinais preocupantes, indo na direção errada, quais merecem uma intervenção? Para a maioria dos profissionais de marketing, a resposta é simples: "Os que estiverem prestes a sair!" Contudo, tentar salvar todos os clientes é a abordagem errada. Pense nisso do ponto de vista do relacionamento. Se alguém odeia você e diz que nunca mais quer falar com você, quais são as chances de essa situação mudar? Talvez até seja possível. No entanto, você vai ter que se esforçar muito mais do que faria para restabelecer contato com um bom amigo que anda meio sumido.

Você só deve intervir com os clientes que deseja manter. Parece simples, certo? Mas não é tão simples assim. Também não basta perguntar: "Quem está prestes a sair?" A próxima pergunta também é importantíssima: "Nós queremos que eles fiquem?" Se a sua empresa intervier, você conseguirá recuperar os custos de manter esse relacionamento ou a única vantagem será o alívio de não perder uma pessoa neste trimestre? Além disso, até os melhores relacionamentos às vezes não se sustentam. Sempre há um fim da linha, mesmo com seus clientes mais valiosos. É duro dizer isso, mas é verdade. O amor dói. Digamos que seu cliente tenha um valor do tempo de vida de US$ 1.000 e que esse valor seja considerado alto para sua empresa. Quando ele já gastou US$ 990 com você, o relacionamento está quase no fim. Não vale a pena fazer de tudo para tentar mantê-lo por mais alguns meses e extrair os últimos US$ 10. É verdade que sempre há a chance de ele surpreender e comprar algo a mais. Contudo, se você estiver correndo atrás daqueles últimos dólares, está investindo nas pessoas erradas. Quando um relacionamento chega ao fim, cada um segue para seu lado e tudo bem. Foi bom enquanto durou! Você capturou todo o valor que conseguiu. É hora de seguir em frente.

Algumas empresas adotam uma postura agressiva. Elas tomam a iniciativa e dão um fora em seus clientes ruins. "Esses clientes estão sobrecarregando a empresa. Estão usando demais nossos canais de atendimento. Vamos dar as costas para eles. Eles não têm mais lugar aqui."

Segundo a maioria das evidências, isso é o pior que você pode fazer, tanto do ponto de vista dos negócios quanto de relações públicas. Esses clientes virão até você e gastarão com você

– e, ainda que sejam só alguns dólares, não se estresse com isso. Afinal, ainda são seus clientes. Todavia, você não deve dar tanta atenção a eles nem lhes oferecer o mesmo atendimento que dá aos seus melhores clientes. Poupe algum dinheiro em publicidade e não se empenhe demais para mantê-los.

Escolha entre flores ou apertos de mão

Depois de definir *quem*, você precisa testar o *como*. Como reter esses clientes valiosos? Tenha em mente que intervenções simples funcionam. Um estudo descobriu que o programa de fidelidade de uma barbearia que oferecia uma pequena recompensa – um cupom de US$ 5 de desconto para cada US$ 100 gastos – aumentou o valor do tempo de vida de seus clientes em 29%.[*] Mais de 80% desse aumento resultou de uma maior retenção, apesar da baixa taxa de resgate do cupom. Essas descobertas pegaram muita gente de surpresa. Elas sugerem que fatores emocionais, e não econômicos, é que impulsionam os resultados. Então comece pequeno e não dê tudo que tem.

Não se limite a uma única intervenção; pessoas diferentes responderão a intervenções diferentes e é importante testar uma série de ideias. Faça ajustes conforme for aprendendo

---

[*] Arun Gopalakrishnan *et al.*, "Can Non-Tiered Customer Loyalty Programs Be Profitable?", *Marketing Science* 40, n. 3 (mar. 2021): 508-26, https://doi.org/10.1287/mksc.2020.1268.

como os clientes respondem – e lembre-se: não faça testes apenas com os clientes que têm as maiores chances de sair.

Digamos que você foi atrás dos clientes que já estão com o pé na porta para sair, aqueles com 95% ou mais de chances de nunca mais voltar. Você lhes oferece frete grátis na próxima compra. Só que eles estão muito descontentes com você; eles não têm por que aceitar essa oferta. Tudo bem. Então você tenta algo mais agressivo: US$ 20 de desconto no seu próximo pedido! E você tem um pouco mais de sucesso. Alguns voltam a comprar. E você pensa: "Sucesso! Tivemos que dar um pouco mais, mas conseguimos reter esses clientes!"

E se você oferecesse o mesmo desconto aos clientes que têm 70% de chance de sair, em vez daqueles com 95%? E se a oferta de frete grátis tivesse sido eficaz para eles? Pesquisas sugerem que você perdeu essa oportunidade porque esperou para intervir quando viu que seu relacionamento já estava muito ameaçado – e então você precisou dar mais.

A maioria das empresas sabe que precisa de uma estratégia de retenção, mas não é fácil aprender a desenvolver um programa eficaz. Não espere o cliente clicar no botão cancelar minha conta. Você precisa ser capaz de identificar o sinal de que ele está em risco. Apresentei alguns que você pode testar. E, para reter clientes, faça como fez na aquisição: não trate todos igualmente. Seja deliberado e preciso ao decidir a quem você vai se direcionar e como. Não bata a porta na cara de nenhum dos seus clientes. Mas também não sirva seu melhor uísque a todos eles.

12

Dê ouvidos às pessoas certas

Um dos meus primeiros projetos no Google envolveu a análise meticulosa de bilhões de impressões de anúncios para descobrir as regras – as melhores práticas – para convencer alguém a clicar no anúncio. Isso foi em 2011, e umas vinte conclusões às quais chegamos – insights sobre a criação de chamadas à ação provocativas, melhoria de recall de anúncio e estabelecimento de uma nova consciência de marca – são consideradas práticas recomendadas até hoje.

Não acho que seja um grande legado.

O problema não são as conclusões às quais cheguei, e sim a metodologia por trás delas. Tudo era igual. Um clique era um clique. Uma venda era uma venda. Você já sabe qual é o problema: nem todos os cliques e nem todas as vendas são iguais.

Imagine que você fez uma pesquisa e descobriu que, para 87% dos respondentes, o mais importante na compra de viagens aéreas são os preços baixos.* Os outros 13% disseram que valorizam o conforto e o atendimento. Se todas as respostas fossem iguais, você montaria seu marketing em torno dos preços baixos. E se você também soubesse que esses 87% só voam uma vez por ano? E que os 13%, seus passageiros frequentes, geram 50% de sua receita? Sua taxa de cliques pode sugerir que, em geral, sua campanha está indo bem. Mas e aqueles passageiros frequentes? Será que eles se perdem na multidão ou será que se destacam dela?

Essa é a lição. Qualquer coisa que você crie, seja uma página de destino criativa, um texto publicitário, uma campanha de e-mails ou uma marca, deve ser criada levando em consideração os relacionamentos que ela promove. Clientes de alto e de baixo valor preferem coisas diferentes, como legado da marca, durabilidade dos produtos ou simplesmente algo que está com 75% de desconto só hoje. Há diferenças de preferências até mesmo entre os clientes de alto valor de empresas da mesma categoria.

---

* Na verdade, nem precisamos usar a nossa imaginação. David Yanofsky, "Half of American Airlines' Revenue Came from 13% of Its Customers", *Quartz*, 27 out. 2015.

Por que você precisa ouvir algumas pessoas e ignorar outras

Não está sendo fácil e você precisa de orientação. Você pode pedir a opinião do seu companheiro ou do seu pai. Seus amigos podem dar sugestões. Você pode até perguntar ao motorista do Uber que ouviu pacientemente seu desabafo no caminho do aeroporto para casa. Será que todos vão ter a mesma opinião? E de quem é a opinião mais importante? É aqui que você começa a juntar as peças. Você sabe como identificar, desenvolver e reter os clientes de alto valor, mas a mensagem – o que está saindo da sua boca – precisa estar alinhada com as expectativas deles. Isso começa por ouvir esses clientes até descobrir o que eles querem e a linguagem que falam. Se você estiver conversando com pessoas ricas, elas provavelmente se importarão menos com o preço e os custos e mais com a qualidade e o atendimento. Se estiver conversando com gamers *hardcore*, eles podem se engajar mais com mensagens que não têm muito apelo para o público mais convencional. O ponto é que não basta se direcionar aos clientes de alto valor; é preciso também que eles se identifiquem com o que você diz. Caso contrário, vocês simplesmente serão incompatíveis e o relacionamento não vai durar.

Segmento de clientes	Taxa de abertura do e- mail versão 1	Taxa de abertura do e- mail versão 2
Top 20%	8,0%	3,0%
2° melhor 20%	2,2%	3,0%
3° melhor 20%	2,0%	3,0%
4° melhor 20%	2,0%	5,0%
20% inferiores	2,0%	6,0%
Média	3,2%	4,0%

Figura 12.1

Nesse exemplo, as empresas que consideram todos os relacionamentos como sendo iguais deduzirão que a versão 2 teve o melhor desempenho, com uma taxa média de abertura mais alta. No entanto, ao se focar o engajamento dos clientes de alto CLV, chega-se à conclusão oposta. A versão 1 chama mais a atenção dos clientes que contribuem com o maior valor para o negócio. Quem você gostaria de atrair?

É hora de criar um novo conjunto de melhores práticas. Um que considere o valor de longo prazo dos clientes que você quer alcançar, e não apenas se eles compraram ou não alguma coisa, em algum momento, da sua empresa. Para concretizar sua ambição de ser uma empresa centrada no cliente, não basta calcular o valor do tempo de vida ou direcionar-se a mais clientes por meio de anúncios. A lição é a seguinte: use seus insights para orientar quem você ouve e o que as suas ações dizem a essas pessoas.

O fato é que as melhores empresas estão tentando agressivamente encontrar as melhores abordagens para atrair clientes de alto valor, para falar com eles de uma maneira diferente que não é possível quando as ações são otimizadas com base na média. Não existe uma fórmula pronta para isso. Só você tem como conhecer os seus clientes.

Como ouvir os clientes que você ama

Aqui também não tem mistério. Para cada campanha ou experimento que você executa, avalie o impacto par a par com o valor do tempo de vida dos clientes alcançados. A ação atraiu pessoas que você voltará a ver ou pessoas que darão as costas para você assim que a promoção terminar? Você terá menos downloads de games, porém mais pessoas que comprarão lucrativos pacotes de expansão? Você já fez a lição de casa e calculou o valor do tempo de vida de todos. Agora é a hora de colocar em uso essas informações. É hora de escrever o novo manual para a sua empresa.

Veja três coisas para ter em mente:

1. **Você precisa de uma amostra um pouco maior para esses testes.** Quando já não se restringe à média, você vai querer segmentos suficientemente grandes de cada grupo – clientes de alto e baixo valor, bem como todos os clientes entre esses

dois extremos. É importante que os dados coletados sejam representativos do grupo.

2. **Não estabeleça uma definição estreita demais dos clientes de maior valor.** Comece com os top 25%. Com isso, você ainda estará falando de amigos que deseja manter e terá um grupo maior para fazer experimentos. Você começará a aprender e a melhorar.

3. **Aprenda o máximo que puder sobre seus clientes de baixo valor para saber o que evitar.** Pode ser que você esteja atraindo clientes de baixo valor porque está enviando uma mensagem do tipo: "Compre nosso produto, é quase de graça!"

Não deixe de fazer o processo inverso também. É como refletir sobre as suas experiências na vida. Não se limite a olhar para a frente, a aprender com os novos dados. Se você tiver dados de experimentos anteriores – no nível do cliente individual –, por que não analisar esses resultados do ponto de vista da maximização do valor do tempo de vida em vez de transações isoladas? Você teria mudado sua decisão com base no que vê? Não podemos mudar o passado, mas podemos aprender com ele e aplicar suas lições no futuro.

Por fim, compartilhe suas ideias com a empresa toda. As suas descobertas terão implicações em desenvolvimento de produtos, suporte e vendas, e todos estão em busca dos mesmos objetivos – mais dinheiro, mais crescimento. A Zappos descobriu que seus clientes mais valiosos tinham as maiores taxas de devolução.* A ação? Uma política de devolução de 365 dias com frete grátis para devolver e receber o novo produto. As margens e as compras frequentes mais do que compensaram o custo de devolução para esse grupo de alto valor. Compartilhe com as pessoas o que você aprendeu e elas começarão a criar e adotar práticas voltadas aos clientes que mais importam.

---

* Addy Dugdale, "Zappos' Best Customers Are Also the Ones Who Return the Most Orders", *Fast Company*, 13 apr. 2010.

O marketing costumava focar única e exclusivamente os cliques. Convença alguém a clicar + convença alguém a comprar = sucesso. Feito isso, siga em frente. Não vou dizer que essa abordagem está errada, mas posso dizer que está desatualizada. As melhores empresas de hoje estão olhando mais adiante. Elas estão focadas em seus clientes mais valiosos e levando esse foco para seus produtos, marketing e atendimento. Estão se tornando melhores em atrair clientes de alto valor e convencê-los a ficar. As empresas que não seguirem essa direção ficarão para trás.

13

Vá lá e faça

Tudo o que sabemos sobre relacionamentos excelentes – ou difíceis – se restringe às experiências que acumulamos. Se você só vende um tipo de produto, não é fácil saber como novas categorias podem expandir seus relacionamentos. Se você só criou campanhas em torno de objetivos imediatos e isolados do tipo "compre agora ou nosso marketing foi um desperdício", será mais difícil ver a oportunidade que relacionamentos mais comprometidos podem trazer. Já falamos sobre isso quando apresentei o valor do aprendizado de máquina no Capítulo 5. Nossa visão das oportunidades é restringida pelas estratégias e métricas existentes. A exploração é a melhor maneira de abrir esses horizontes.

O que você está fazendo agora é um ponto de partida. É seu dever para com a sua empresa coletar dados sobre outras oportunidades e outros lugares onde seria possível encontrar mais clientes excelentes. São grandes as chances de haver novos clientes que você ainda não alcançou, clientes que gostariam de ter relacionamentos de longo prazo com a sua empresa. Os canais de marketing que eles usam e as categorias de produtos que querem comprar podem fazer muito mais sentido para você agora que está ciente do pleno valor dos clientes.

Qualquer profissional de marketing é capaz de aplicar os princípios que apresentei até aqui. Os melhores verão isso como um ponto de partida, como uma oportunidade de fazer novas perguntas, aprender novas lições e começar a construir relacionamentos melhores e duradouros com os clientes que mais importam.

É isso – todo o segredo, toda a estratégia: você não está mais confinado ao que sua empresa faz hoje.

Ei, fizemos uma pesquisa. Todo mundo adorou o novo sedã vermelho!

Tudo bem. Mas e os nossos clientes mais valiosos?

Eles gostaram do SUV azul.

Beleza. Então qual campanha devemos executar?

Seja curioso. Imagine o que você pode fazer. Vá lá e faça.

PARTE 3

Autoaperfeiçoamento

14

Vamos falar sobre você

Espero que muita coisa tenha mudado desde que começamos esta jornada juntos. A confiança nos dados coletados de uma transação isolada – o par de sapatos de US$ 450 – deu lugar a uma história mais profunda sobre a necessidade de conversar com o cliente e ao otimismo com a ideia de haver um relacionamento a ser encontrado sob as montanhas de dinheiro que você investiu, tanto para aquela compradora de sapatos quanto para todos os outros clientes que, de outra maneira, ficariam perdidos em seu sistema de CRM. Você está começando a ter confiança. Amanhã será um dia melhor – e depois de amanhã será melhor ainda.

Entretanto, você ainda tem um obstáculo a vencer: se estiver trabalhando sozinho, o aprendizado dessas lições pode não bastar. Você faz parte de uma organização cheia de pessoas que não aprenderam essas lições. Elas têm maneiras próprias de tomar decisões. Maneiras próprias de testar as coisas. Processos e maneiras próprios de comprovar as coisas. Incentivos próprios, o próprio território para defender, temores próprios à noite. Isso vai restringir a mudança que você poderá fazer sozinho.

Como você vai ajudar a orientar e trazer outras pessoas da sua organização para uma mesma jornada de aprendizado? Como pode criar um espaço na sua organização para dialogar e construir relacionamentos que promoverão os interesses da empresa e os seus próprios? Compartilhe este livro com as pessoas. Elas vão ler e se unir a você na sua jornada. (Se tudo der certo.) E continue lendo, porque vamos discutir algumas maneiras de enfrentar esses desafios juntos.

15

Dê pequenos passos adiante

Nos Estados Unidos, é proibido subornar políticos – pelo menos em público. Os lobistas passaram anos pagando jantares aos políticos para poder ter um tempo com eles. Ofereça aos políticos um corte nobre de Wagyu e a atenção deles será sua nas próximas horas. Um acordo conveniente que levou a uma aglomeração de restaurantes sofisticados nas proximidades do Capitólio.

Em 2007, o Congresso foi forçado a agir. A única questão era como. Se você proibisse jantares, eles sairiam para almoçar. Se proibisse almoços, eles tomariam café da manhã. E aperitivos?

Aí sim!

O resultado ficou conhecido como a "regra do palito".

Refeições foram proibidas, mas uma exceção foi aberta para "comida que se come em pé usando um palito".* Na primeira vez que dei um workshop sobre métricas para alguns políticos no nosso escritório em Washington, a empresa chegou a enviar pessoas do jurídico para garantir que os lanches servidos no *coffee break* estivessem em conformidade. Na verdade, nossos advogados seguem uma interpretação um pouco mais rigorosa – "nada maior que 2,5 centímetros por 2,5 centímetros" e, a minha parte favorita, "que não desaba sozinho". Então, sim, eles levaram uma régua e tentaram derrubar a comida.

Você deve imaginar o que aconteceu em decorrência dessa nova regra.

Criou-se uma "indústria de comida de palito" dedicada a encontrar maneiras de explorar e contornar as regras:

> "Tivemos que ser muito criativos para criar itens substanciais o suficiente para que, se a pessoa comesse o bastante, isso perfizesse uma refeição completa", disse Mark Michael, da Occasions Caterers [...]. Ao longo dos anos, incluímos ao nosso cardápio 40 tipos de comidas em palito, incluindo espetinhos de carne, kafta e pirulitos de sobremesa.**

---

* Brody Mullins, "No Free Lunch: New Ethics Rules Vex Capitol Hill", *Wall Street Journal*, 29 jan. 2007.

** Britt Peterson, "How a Tiny Splinter of Wood Keeps Congress Clean", *Washingtonian*, 3 mar. 2016.

Não é um absurdo? É o exemplo perfeito de como Washington pode ser um lugar incrivelmente frustrante. É uma maluquice. É a ineficiência do governo em ação.

Até você parar para pensar sobre o objetivo, a intenção original da regra: reduzir a influência dos lobistas sobre os políticos. Eles estavam jantando demais com os lobistas.

Considerando apenas esse objetivo, a proibição funcionou? Sim. Ela impediu os políticos de aceitarem jantares e qualquer outra refeição dos lobistas, além de fornecer diretrizes sobre o que é aceitável ou não. De jantares de três horas, passamos para cubos de queijo no palito. A proibição fez o que se propôs a fazer.

Ela é perfeita? Longe disso. Mas é um passo adiante. É um avanço.

Devagar e sempre

A esta altura, acho que você deve concordar que não seria uma boa ideia ficar sentado no sofá de casa pensando na coisa perfeita para dizer naquele primeiro encontro no barzinho. Faça isso, e você não vai sair de casa. Você vai passar muito tempo sentado no sofá. É mais fácil se perguntar: "Existe alguma lição que eu possa aprender com as minhas experiências anteriores sobre o que *não* fazer hoje à noite?" É só isso.

Gosto da história do palito porque é um exemplo incrível. Muitas empresas ficam presas ao sofá sempre que tentam desenvolver um novo programa, uma nova estratégia, uma nova interpretação dos dados. Elas querem que tudo seja perfeito. Elas se perdem em cada coisinha que pode dar errado ou que ainda está incompleta. Só se permitem avançar se os dados forem perfeitos, se puderem ser coletados sem qualquer viés, se os modelos forem comprovados e validados em todas as condições possíveis. E elas acabam não fazendo absolutamente nada.

É aqui que as *startups* brilham. A maioria delas não vê problema em não ter todos os dados, em não saber todas as respostas. Ninguém espera isso delas. Elas fazem o que podem com o pouco dinheiro que têm, está todo mundo trabalhando na garagem de alguém. E tudo bem. Elas só precisam avançar até provarem a viabilidade do negócio. A maioria das *startups* – assim como as melhores empresas do mundo – não vê problema algum em uma solução 90% completa. Isso as diferencia dos concorrentes, os conglomerados bilionários que acreditam que, com seus vastos recursos, tamanho e pessoas, só podem se contentar com dados perfeitos. Os padrões dessas empresas gigantescas são mais altos, mas, na verdade, elas costumam ter mais dificuldade de extrair bons dados no meio de tanta burocracia.

Como pensar pequeno

Respire fundo! Reduza suas expectativas. Busque o progresso, não a perfeição. Tenha confiança de que pequenas mudanças iterativas levarão você adiante.

Sei que a receita do CLV que recomendei para fazer nosso bolo de chocolate não produzirá o melhor bolo de chocolate do mundo. Contudo, é o melhor bolo de chocolate que já provei até agora. Dá para fazer um bolo melhor? É claro que sim. Eu incentivo você a tentar, mas não quero que deixe de fazer o bolo só porque ainda não descobriu a receita perfeita. Não se perca nos detalhes; não deixe de avançar.

Até mesmo as menores alterações na estratégia de marketing são arriscadas. As mudanças garantidas costumam ser insípidas e sem inspiração e não levam a mais vendas. Muitos profissionais de marketing dirão: "O que você está propondo custa US$ 50 mil e só topo tentar quando tiver evidências suficientes para saber com certeza que é a coisa certa a fazer. Me dê alguns meses para tentar descobrir isso". O que eles não estão levando em conta é que, ao não correr esse risco de US$ 50 mil, podem estar perdendo um milhão de dólares em vendas. Não consideram o custo de oportunidade da inação, de passar mais uma noite sentados no sofá de casa. Só veem o custo. A moeda do risco tem dois lados e os dois devem ser considerados.

Assim que o Congresso impôs a regra do palito, ficou claro que mais trabalho precisava ser feito. Uma regra destinada a impedir que os lobistas levassem os políticos para jantares caros funcionou – mas a indústria se adaptou. E o Congresso precisa se adaptar também.

Não estou dizendo isso para desanimar você. O que quero dizer é que nem a ideia mais brilhante funcionará para sempre.

Você pode ter bolado a melhor cantada de todos os tempos; você entra em um bar, passa essa cantada e a pessoa se apaixona instantaneamente por você. Entretanto, se você inventou algo tão bom, é provável que outras pessoas também descubram essa cantada. Depois de alguns meses, sua cantada perde o efeito, porque todo mundo está fazendo a mesma coisa. O mercado vai mudar. Seus clientes vão mudar. E o processo de melhorar nunca chega ao fim.

Muitos profissionais de marketing tentam encontrar soluções perfeitas para os problemas, o que acaba por impedi-los de progredir. Se estivessem tentando controlar a estratégia dos lobistas de levar os políticos para jantar, eles só promulgariam uma nova lei após terem certeza de haver coberto todas as brechas possíveis. Essa forma de pensar subestima o impacto das pequenas mudanças. Um passo imperfeito é menos atraente, tem menos apelo. Mas a verdade é que as grandes correções são raras e infrequentes. É mais produtivo se concentrar naquilo que você pode fazer dia após dia para tornar suas práticas de marketing um pouco melhores. Essas pequenas melhorias se acumulam – ainda assim, são o tipo de melhoria que muitos profissionais de marketing ignoram a favor de perseguir a grande solução que nunca virá.

16

Tente uma carreira na política

No início do livro, falei sobre um projeto complexo e supostamente transformador que saiu dos trilhos. Era um projeto ambicioso, que envolvia muitos detalhes. Até que o conselho começou a perder a paciência enquanto os responsáveis pelo projeto tentavam reinventar o negócio. Como você já deve imaginar, não funcionou.

Certa noite, encontrei por acaso, em um bar em uma das ruas de paralelepípedos do Meatpacking District, em Nova York, um dos vice-presidentes seniores que havia patrocinado o projeto. Dava para ver, pela quantidade de copos na mesa, que o grupo dele já estava lá fazia um tempo. Tínhamos um bom relacionamento e ele já estava meio alto, o que levou a mais sinceridade do que seria de se esperar em um happy hour corporativo. Perguntei como as coisas estavam indo.

Ele agarrou a oportunidade de desabafar.

"Estou prestes a me aposentar", anunciou. "O projeto no qual estou trabalhando não vai dar em nada para mim. Preciso continuar tocando, porque meu chefe faz questão. Vou passar os próximos meses me matando, indo a todas as reuniões do comitê diretor, a todas as atualizações ao conselho, a todas as *stand-up meetings*, mas sei que não vou ganhar nada com isso."

"Se algo der errado, vão botar a culpa em mim. Podem até reduzir meus bônus ou minhas ações. O pior é que meu substituto é quem vai receber os créditos quando o projeto for lançado – 'Olha só, o cara acabou de entrar e o desempenho do marketing já decolou'."

"Eu não tenho nada a ganhar com isso. Pelo contrário. Para mim já chega."

Até hoje não sei se, caso ele tivesse dado tudo de si, o projeto teria saído do papel. Era complexo demais. Havia *stakeholders* demais envolvidos. Mas era certo que, sem ele, seria impossível.

Parece que acabei de contar uma história específica do mundo dos negócios, mas na verdade é uma história humana, envolvendo relacionamentos, como todas as outras. Tentar vender um projeto com base apenas em dados não vai seduzir ninguém. Você precisa conhecer – não presumir – as motivações, as emoções e as condições que as pessoas na sala colocam na mesa. Tente se colocar na pele delas: "Se eu me aliar a essa pessoa ou comprar essa ideia, o que vou ganhar com isso?"

Não quer dizer que essas pessoas não se importam. No entanto, elas podem ter uma tolerância diferente ao risco porque têm incentivos diferentes. Trabalhamos com pessoas que dizem: "Sabe de uma coisa? Não quero ir atrás dos nossos clientes de alto valor porque esses sinais estão dizendo que o nosso programa off-line, que tem oitocentas pessoas enviando catálogos, deixou de ser eficiente. Não posso aceitar isso. Não quero mudar. Preciso da minha equipe e preciso do meu orçamento". Justiça seja feita, esse nível de sinceridade nos pouparia um bom tempo. Acontece muito de a mesma mensagem se revelar em uma apresentação de cinquenta slides repleta de pontos de dados sobre, digamos, o renascimento da mídia impressa.

Por que você precisa vender seu peixe?

Você pode dominar a arte da conversa e ter um profundo interesse em construir relacionamentos gratificantes e de longo prazo com os clientes, mas o sucesso desses esforços dependerá das realidades da sua empresa. Egos, personalidades e equipes, vencedores e perdedores vão restringir o progresso. Você encontrará diferenças entre conselhos de administração, executivos e funcionários. Encontrará equipes determinadas a proteger seus orçamentos e feudos. Encontrará colegas que estão lá para construir impérios e outros que fazem de tudo para fugir dos riscos.

Não podemos falar sobre as promessas das conversas e dos relacionamentos sem reconhecer a dificuldade de mover organizações usando métricas e dados. Sabemos que apenas 6% das decisões de marketing são baseadas em dados.* Cerca de 50% dessas decisões são tomadas com base em experiência pessoal, opinião e intuição – curiosamente, um número que não varia se você perguntar aos tomadores de decisão seniores ou juniores. Cerca de 10% dessas decisões são tomadas porque o chefe mandou e outros 10%, seguindo a opinião dos colegas.

Como conquistar votos

Não é que as pessoas não queiram usar dados para tomar uma decisão. Todavia, há muitos fatores em jogo. Se você se encontrar em uma situação na qual as pessoas não estão se mexendo nem realizando mudanças, há algumas coisas que pode fazer.

Sonde o ambiente

Se você acha que basta apresentar um slide com os dados empolgantes e esperar que seu público responda com o mesmo entusiasmo, está se iludindo. As pessoas adoram falar sobre

---

* Corporate Executive Board, "MREB Customer Focus Survey 2011".

decisões orientadas por dados porque parece lindo, mas o fato é que interpretam os dados através das lentes de sua própria função e de seus próprios interesses. O que seu público realmente quer ouvir? Se você estiver denunciando um programa de marketing por atrair clientes ruins, a equipe por trás desse programa não vai aceitar calada. Você precisa conhecer os incentivos das pessoas na sala e das pessoas a quem elas reportarão depois. Se você não pensar em seu público e em como transmitir sua mensagem à luz dos interesses das pessoas, estará incentivando a resistência, não o progresso.

Bote as cartas na mesa

Cada *stakeholder* terá uma percepção diferente do negócio, especialmente quando se trata das expectativas do cliente e dos relacionamentos.

Nossos clientes querem saber do preço.

Precisamos recuperar nossos custos de aquisição em seis meses.

Nossa fonte da verdade é essa plataforma de analytics.

É importante identificar explicitamente essas suposições e sua origem. (A suposição se baseia em um teste? Quem realizou o teste? Quando? Qual foi a metodologia?) Uma das objeções pode vir de alguém que já explorou o valor do tempo de vida no passado. "Nós já tentamos fazer isso." Ou, com mais frequência: "Já tentei fazer isso quando trabalhava em outra empresa e não deu certo". Mas qual foi a metodologia? Como os dados foram usados? Como foram medidos?

Não faça promessas que não pode cumprir

Você está entrando em território ambicioso e com enormes consequências, abandonando anos de comportamento transacional com os clientes para adotar uma abordagem que os valoriza ao longo de seu tempo de vida. Como em qualquer projeto desse tipo, é contraproducente declarar simplesmente: "Vamos usar o valor do tempo de vida do cliente de agora em diante!" (Você ficaria surpreso com o número de empresas que cometem esse erro.) Seja mais específico: "Vamos tentar calcular o valor do tempo de vida do cliente, que requer tais e tais dados, e vamos comparar os resultados nos nossos relatórios antes de fazer qualquer outra coisa". Não há nada de errado em ter uma visão grandiosa. Dar passos menores reduz a ansiedade sobre o que está por vir e permite que o projeto se baseie no próprio sucesso para avançar.

Combine de aceitar os resultados

Antes de tentar algo novo, você precisa entrar em acordo com as equipes afetadas sobre as ações que vocês vão tomar com base nos resultados. É comum trabalharmos com empresas que dizem: "Vamos deixar os dados decidirem".

A realidade é que os melhores programas resultam de mudanças dentro de uma organização. Mudar significa fazer algo diferente. Se estamos investindo em uma nova área, é quase certo que não estamos investindo em uma antiga.

Para que alguém saia ganhando, é provável que alguém vai sair perdendo.

Quando as empresas deixam para decidir o que farão com os resultados de um experimento só depois de sua conclusão, as emoções entram em cena. As pessoas apoiarão ou contestarão a metodologia e os insights de um programa com base em como se sentem em relação às constatações e às implicações para sua função e seu orçamento.

Você precisa fechar um acordo de antemão. Se for no nível executivo, pode ser algo como: nós mudaríamos nossos KPIs se descobríssemos que adquirir clientes melhores é mais lucrativo que atrair indiscriminadamente novos clientes? Ou, se for no departamento de marketing: se o teste mostrar que devemos realocar orçamentos, estamos preparados para fazer isso? Caso contrário, as pessoas vão discutir eternamente e os resultados nunca serão usados. A empresa entra em um estado de paralisia. Não é bonito de ver.

Não tenho a pretensão de apresentar um tratado sobre negociação. Só estou tentando chamar a atenção para a necessidade de chegar a um acordo de antemão. As decisões nunca são tomadas só com base nos dados, e você não vai mudar a maneira como as pessoas tomam decisões. Elas não vão levar apenas os dados em consideração, mas uma variedade de fatores que incluem sua própria perspectiva, sua função, seus interesses e seus próprios dados. Tudo isso pode afetar o resultado. Você não pode esperar que tudo vai se resolver dizendo: "Vamos pensar na empresa!" Ninguém vai comprar essa bandeira.

No entanto, você pode ficar atento às regras do jogo que está jogando e às circunstâncias das pessoas que estão jogando com você. Desde que conheça e se atente às regras, você pode navegar por elas. Se fechar os olhos e tentar tapar o sol com a peneira, confiando que os dados sempre vencerão, você dará de cara com a parede.

17

Dê asas aos testadores

Certa vez, eu estava trabalhando com dois anunciantes. Os dois atuavam no setor de viagens e tentavam alcançar os mesmos clientes. Tirando algumas pequenas diferenças, eles vendiam o mesmo produto. Um dia, dei aos dois o mesmo insight de pesquisa – uma pequena informação provocativa e valiosa sobre como os consumidores estavam tomando decisões para um determinado destino internacional. O insight em si não era tão fascinante quanto ver como cada empresa respondeu.

O diretor de marketing da primeira empresa apreciou a informação, como sempre. "Isso é fantástico!", exclamou. Seguiu-se a isso a proclamação habitual: "Somos uma empresa orientada por dados e gostamos de avançar com rapidez", bem como um plano de teste. Levaria de três a quatro semanas para construir o experimento e obter as aprovações necessárias. Assim que tudo estivesse pronto e concluído, ele me disse, analisaríamos os resultados juntos.

Depois liguei para a liderança da segunda empresa, que mostrou o mesmo entusiasmo, mas disse o seguinte: "Vamos executar o teste amanhã mesmo".

Pense nisso. As duas empresas acreditavam na experimentação e testaram a ideia. Mas uma delas poderia ter obtido os resultados três semanas antes da concorrente – e estamos falando de um teste só.

A primeira empresa realizava entre três e quatro desses testes de marketing por mês. A segunda fazia de quarenta a sessenta testes por semana. Qual empresa você acha que vai sair vencedora? A que obtém mais insights sobre seus clientes.

Por que você precisa aprender rápido

Tudo o que abordamos neste livro tem a ver com conhecer seus clientes e se comunicar com eles de uma maneira nova e diferente. O fato é que não é fácil para as organizações tentar fazer coisas novas. Elas já têm outras prioridades. E também têm medo de riscos e a maneira como sempre fizeram as coisas. É um contrassenso para uma organização que incentiva o sucesso – tanto por meio de elogios quanto de promoções – buscar fazer algo que pode não funcionar. Tudo isso ajuda a explicar por que a simples palavra "teste" estimula as ambições de qualquer profissional de marketing, mas a possibilidade de "fracasso" os leva a hesitar.

Você precisa de ideias novas. Precisa testar. Precisa aprender para sobreviver e crescer, e precisa aprender rápido. Porque os melhores profissionais de marketing e as melhores empresas não vão ficar esperando de braços cruzados. Então a questão é: dados todos os obstáculos, como você pode dar asas a novas ideias rapidamente? Como fazer isso sem precisar reunir todo mundo em uma sala para uma sessão de "brainstorming", mas sim desentravando as possibilidades dos dados que você tem à disposição no dia a dia? Como você pega um conceito que deixa as pessoas nervosas e faz dele um pouco menos intimidante, um pouco mais palatável?

Como fazer do teste um hábito

Em geral, não basta dizer: "Vamos fazer mais testes". Certa vez, um grupo foi visitar o *campus* e, durante o almoço, mencionou a necessidade de fazer mais testes. Quando perguntei qual tipo de teste, disseram: "Tanto faz, só nos dê alguma coisa. Mesmo se não funcionar". Como seria de se esperar, isso levou a gastos desnecessários, perda de tempo e poucos resultados. Acontece que essa empresa decidiu encorajar mais testes vinculando os bônus de todos à frequência com que os executavam. Trinta testes por trimestre era o número mágico e era o que aquele grupo queria.

No entanto, não é o que nós queremos.

Não vamos falar de cotas. Vamos falar de melhores práticas – como fazer testes cada vez melhores.

Libere o gênio da lâmpada

A dificuldade não está em ter ideias para testes – é trazer essas ideias à tona. Elas são descobertas pelas pessoas mais próximas aos dados e se perdem no caminho para o topo. Um analista leva dez ideias a seu chefe, que diz: "Não posso apresentar dez ideias para o diretor de marketing. Vamos escolher uma". E o diretor de marketing vai ter cinco equipes e cada uma apresenta sua melhor ideia. Agora ele tem cinco ideias, mas não pode bancar cinco, então escolhe a que lhe parece melhor. E todos os analistas dão de ombros e proclamam: "Que pena que esta empresa na verdade não é orientada por dados".

Muitas ideias brilhantes se perdem nesses filtros; não há tempo, dinheiro nem disciplina para botar todas em prática. Esses gargalos desaceleram a empresa – e não por falta de oportunidades.

Traga todos para o mesmo barco

É fácil apoiar esta ideia: faça dos testes um processo único e abrangente do marketing. Todos enviam sua proposta para um único lugar. Use uma planilha ou um formulário on-line. Apenas se certifique de coletar quatro informações:

1. Qual é a hipótese?
2. Quais dados sustentam essa hipótese?
3. Como você a testaria?
4. O que a empresa faria diferente com base nos resultados?

Com isso, você está contornando toda a burocracia. Nada de silos. Nada de filtros. Nada de cargos. Nem os nomes são especificados. O formulário nem pergunta o que a pessoa faz no departamento de marketing. Se um especialista em buscas pagas tiver uma ideia para as mídias sociais, ele só a anota no formulário. A lista é gerenciada no topo, de preferência pelo diretor de marketing. Em breve falaremos sobre o papel dele.

Essa abordagem tem inspiração no Google X.* Na verdade, é assim que eles administram sua "fábrica de missões lunares", encarregada de tentar solucionar os problemas mais difíceis do mundo.**

Ofereça um prêmio

Para a maioria das pessoas, a aspiração de fazer mais testes pode esbarrar na estagnada e sufocante cultura do escritório: ideias demais que acabam morrendo na praia, testes demais

---

* Só para constar, a Alphabet — anteriormente conhecida como Google — rebatizou o Google X como X, apenas.

** Peter H. Diamandis, "How to Run Wild Experiments Just Like (Google) X", Singularity Hub, 28 abr. 2016, https://singularityhub.com/2016/04/28/how-to--run-wild-experiments-just-like-google-x/.

que acabam não sendo realizados com a frequência necessária. Você pode tentar mandar um e-mail para animar as pessoas. Pode tentar vincular o número de testes a alguma avaliação de desempenho. Contudo, o mais eficaz para virar de cabeça para baixo essa dinâmica paralisante é promover um concurso. É mais que um novo processo; é uma oportunidade. Ofereça um prêmio: dinheiro, camisetas, um almoço com o diretor de marketing. O objetivo é motivar os funcionários a deixar as tradições de lado e começar a sonhar com o que é possível fazer com os dados. Um prêmio é um gesto modesto que permite aos funcionários saber que a liderança finalmente está no mesmo barco.

Recompense as ideias, não os resultados

O segredo para fazer isso dar certo é o seguinte: dar o prêmio antes de qualquer teste ser realizado. Afinal, o objetivo não é reconhecer a ideia infalível. Se a ideia fosse infalível, ela provavelmente nem precisaria ser testada. O prêmio é para a melhor hipótese que pode alavancar o negócio. Essa é a questão.

Agora, no fim do mês, os executivos estarão olhando para uma lista de cinquenta, oitenta ou cem ideias, validadas por seus próprios dados, apresentadas por sua própria equipe, uma lista de oportunidades à disposição da empresa as quais poderiam ser testadas hoje mesmo. Isso muda a mentalidade no topo. Eles veem que seus dados *já existentes* e que seu pessoal *atual* podem render milhões de dólares em oportunidades para a empresa. Agora lhes resta dar um jeito de realizar esses testes. Algumas empresas começaram a monitorar em uma planilha o número de novas ideias que geram e o número de testes que realizam, usando a soma como métrica de inovação para orientar seu progresso.

De repente, os gargalos que impedem o teste de novas ideias também começam a ser identificados. É difícil decidir quem vai pagar por isso? O orçamento existente é pequeno demais para testar o volume de ideias que você tem? É muito difícil conseguir autorização? É muito difícil atualizar o site ou os anúncios?

Não se restrinja aos seus próprios funcionários. Chame seus parceiros, suas redes de anúncios, sua agência de publicidade para participar dos concursos também. Cada ideia que você coloca na mesa é uma oportunidade de crescer.

O processo tornará a empresa cada vez melhor – como já aconteceu com incontáveis empresas que o adotaram.

Dicas para criar uma cultura de testes

Todo mundo *quer* correr mais riscos e fazer mais testes – porém, a motivação, por si só, nunca é suficiente. Você também precisa suar a camisa para que isso efetivamente aconteça.

Pergunte aos analistas

A maioria dos executivos desconhece a realidade dos testes. Se um diretor de marketing apaixonado pela última grande ideia que ele mesmo teve disser que quer fazer um teste, eu garanto que o teste começará a ser realizado com a maior urgência. Todos os subordinados largarão tudo para fazer acontecer.

No entanto, quanto mais acima você estiver em uma organização, mais restrito será o seu entendimento da dificuldade de testar ideias na sua empresa. Poder e autoridade fazem maravilhas para botar as coisas em movimento, mesmo quando elas não representam o melhor uso do tempo, dinheiro ou talento da empresa.

As pessoas com as melhores ideias são aquelas que lidam diariamente com os dados, ansiosas para fazer a diferença se tiverem a chance. É só perguntar a elas. Informe-se sobre os obstáculos que elas enfrentam para colocar seus insights em ação, ou então arrisque relegá-las a tarefas tediosas e repetitivas.

Ignore os silos

Os diretores de marketing costumam ser avaliados por métricas específicas todo trimestre: receita gerada, vendas realizadas ou, com muita frequência, o custo de cada uma. Quando incentivados por essas métricas, não é surpresa que eles queiram garantir que cada dólar seja direcionado para impulsioná-las.

Quando as coisas vão bem, os profissionais de marketing tendem a achar que estão focados na coisa certa e a manter esse foco. "Estamos crescendo mais rápido do que nunca. Estamos fazendo tudo certo. Para que mexer em time que está ganhando? Isso seria loucura. Vamos investir mais no que já estamos fazendo!"

E aí as tendências mudam. O marketing não consegue atingir suas metas. Cada dólar conta na tentativa de fechar a lacuna. Mantenha as coisas seguras, simples e defensáveis. Testar implica risco. Não é hora de tentar novas ideias malucas – então eles não tentam.

Em consequência, parece que nunca é o momento certo para testar, apesar de todas as suas intenções de um dia, algum dia, começar.

Os melhores modelos que já vi começam separando um orçamento de experimentação do orçamento de marketing – e criando métricas separadas – e alocando uma equipe para gerenciar os testes. Alguns chegaram a batizar a equipe de Pesquisa e Desenvolvimento, um nome conhecido que sugere um sucesso futuro e facilita para os diretores financeiros pensarem no processo como um investimento em vez de um gasto. No mínimo, essa mudança dá aos testadores espaço para trabalhar, e não ficar se preocupando com metas trimestrais.

Mas é importante manter a coisa simples: aprendemos algo novo sobre os nossos clientes? Sim ou não.

Seja realista

Essa é mais uma coisa em que a Amazon acertou. Bezos dividiu as decisões em duas categorias.[*] Algumas não podem ser revertidas. Essas são as decisões do tipo 1. Ele insistia que

---

[*] Jeff Haden, "Amazon Founder Jeff Bezos: This Is How Successful People Make Such Smart Decisions", Inc., 3 dez. 2018.

elas deveriam "ser tomadas de forma metódica, cuidadosa e lenta, com grande deliberação e muita consulta". Contudo, a maioria das decisões pode ser mudada, e ele as chamou de "portas de mão dupla". Na Amazon, essas decisões do tipo 2 são tomadas rapidamente, sem subir para o topo.

Bezos observou que, quanto maior a organização, maior a tendência de aplicar o rigor do tipo 1 às decisões do tipo 2.

Esse é um erro fatal e as melhores empresas o evitam. Algumas chegam a fazer isso com estilo. Trabalhei com uma empresa que batizava seus testes em alusão ao carro que seu custo seria capaz de comprar. Eles sempre tomavam mais cuidado para evitar um acidente com uma Ferrari do que com um Celta.

Vá à biblioteca

Não caia na armadilha de achar que os desafios da sua empresa são tão especiais que ninguém nunca pesquisou sobre eles, que todo problema precisa ser estudado do zero. Há áreas da publicidade em que milhares de testes já foram feitos. Posso detalhar os resultados por vertical, por país, por tamanho da empresa, por hora do dia – e ainda assim ouvirei as pessoas objetarem: "Não. Precisamos do nosso próprio teste porque a nossa situação é diferente". Será que é mesmo?

Existe um verdadeiro baú do tesouro de pesquisas acadêmicas à sua disposição. Citei alguns estudos neste livro que estão disponíveis para qualquer pessoa. Eles foram publicados; é só procurar. Essas pesquisas são mais rigorosas que aquelas que a maioria das empresas poderia realizar por conta própria. Mas em geral são ignoradas porque todo mundo, toda empresa, se acha especial e, sinceramente, por causa do estilo em que tais pesquisas estão escritas: quarenta páginas de modelos e conclusões sem nenhum slide do PowerPoint à vista.

Incorpore essas pesquisas à sua estratégia de testes: antes de testar, dê uma procurada e veja quais evidências já podem estar disponíveis.

Não brinque de telefone sem fio

Você precisa reduzir ao máximo a distância entre as pessoas que executam os testes e aquelas que tomam as decisões. Conforme os resultados sobem pela cadeia de comando, é comum ver as descobertas mudarem aos poucos para se adequarem à narrativa que as pessoas querem contar.

As mudanças nem sempre são flagrantes. É um telefone sem fio. Palavras são incluídas, palavras são excluídas. Detalhes se perdem pelo caminho. Passe os resultados por certo número de pessoas, e logo a realidade muda. Converse com a pessoa que realizou o experimento, não com o chefe dela, muito menos com o chefe do chefe. Você encontrará a verdade na fonte.

Construa insights, não monumentos

Você fez um teste, aprendeu alguma coisa e está pronto para partir para a ação! Muito bem! Não quero desanimar ninguém, mas, como já vimos, nada dura para sempre. Por mais que o insight tenha sido valioso ou provocativo, defina quando ele deve voltar a ser testado. Participei de projetos nos quais ninguém sabia a origem de algumas suposições – ainda que todas tivessem um peso importante na decisão de avançar ou não. No caso de uma empresa, descobri que a taxa de abandono de uma base de clientes (*sempre* 3% ao ano, segundo o marketing) tinha sido estabelecida lá nos anos 1990. E vinha sendo copiada e colada desde então.

A maior dificuldade das empresas não está em gerar novas ideias, mas em colocá-las em prática. Muitos stakeholders com muitos interesses conflitantes podem atrapalhar o avanço. Crie um processo para trazer à tona as ideias que estão fervilhando nos corações e mentes de sua equipe e faça com que testá-las seja a missão da sua liderança. Não basta promover uma ideia ou uma mudança. Desenvolva uma cultura de sistematicamente gerar e testar ideias. Alguns dos seus concorrentes já estão testando dezenas de ideias por semana. Elas não vão desacelerar para você alcançá-las. Você é que precisa acelerar.

18

Seja fiel, mas não cego

A diretora de vendas que havia acabado de entrar em uma empresa B2B de porte médio estava preocupada, e com razão. Seu antecessor se concentrara em incentivar as vendas de curto prazo e atingir as metas de vendas acima de tudo. A satisfação do cliente era baixa; a taxa de abandono era alta. Um cliente que certo mês comprava um contrato de alto valor podia nunca receber uma ligação de acompanhamento e só voltar a ouvir falar da empresa quando ela o procurava tentando vender alguma outra coisa.

A nova diretora foi contratada exatamente por essa razão. Ela sabia que você obtém aquilo que incentiva. Ela queria que suas equipes de vendas enfatizassem a parceria e o crescimento estratégico, que se vissem como verdadeiros mestres Jedi dos negócios, não meros vendedores. Para encorajar as mudanças, ela definiu uma métrica básica: uma cota de engajamento.

As equipes de vendas seriam avaliadas não apenas pela receita, mas pelo número de conversas significativas com seus clientes. Cada conversa gerava um ponto em seu placar de engajamento do cliente. Atinja sua meta de receita e suas cotas de engajamento e ganhe um bônus maior; não as atinja e ganhe um bônus um pouco menor.

Novas métricas, novos *dashboards*, um novo processo de prestação de contas. As operações reportaram que os engajamentos com o cliente decolaram 300%. Os vendedores receberam bônus maiores. A equipe de operações, elogiada por seu trabalho orientado a processos, foi promovida.

Só que o comportamento do cliente não mudou. Um teste de acompanhamento tratou um conjunto de clientes da maneira de sempre, enquanto deu mais atenção a outro conjunto de clientes. Os dois grupos gastaram a mesma quantia. A conclusão da empresa: o setor dependia de relacionamentos transacionais – conexões mais profundas não faziam diferença.

Ou eles só pisaram na bola mesmo. Você decide.

A diretora de vendas queria medir o engajamento do cliente, mas não queria mexer na autonomia da equipe de vendas. Ela não queria impor regras demais. Não queria especificar coisas do tipo: "Só conversas telefônicas de no mínimo sessenta minutos com vice-presidentes seniores ou cargos superiores", porque não é assim que a coisa funciona. Então, ela definiu uma cota mais aberta que ficou sujeita à interpretação das equipes de vendas. Conversei com algumas delas a respeito.

"Então, um telefonema com os executivos conta?"

"Claro, sem dúvida."

"E um e-mail?"

"Com certeza. Podemos dizer as mesmas coisas que em um telefonema, às vezes até mais."

"E se eles responderem ao e-mail?"

"Aí seria um segundo engajamento."

A métrica de engajamento foi um fracasso, derrubando a estratégia consigo, porque todos aceitaram os números pelo que eram. Assim que as operações começaram a receber elogios e promoções, eles caíram fora. E os vendedores, é claro, não iam querer devolver seus bônus.

O resultado foi uma líder sênior que viu números excelentes que contavam uma história vazia.

As métricas são importantes – e boas métricas podem fazer toda a diferença para ajudá-lo a identificar seus melhores clientes e encontrar outros como eles. Já falamos sobre isso. Mas eis outra verdade simples: com o incentivo certo, qualquer métrica pode ser manipulada. E será.

Certa vez, conduzi um workshop com uma empresa que era parte editora, parte varejista. Em um exercício, dividimos a equipe em pequenos grupos, atribuindo a cada grupo um KPI de seus *dashboards* existentes. Cada equipe competiu em seis rodadas para apresentar uma abordagem para melhorar sua métrica. Aos vencedores, oferecemos um grande prêmio:

um dia de folga – um incentivo com o potencial de animá-los em um dia que, de outra forma, seria repleto de declarações de visão e intermináveis apresentações de PowerPoint.

A primeira rodada não impressionou, com equipes oferecendo várias interpretações de seus planos existentes. Planos de melhoria em slides de PowerPoint.

"Vamos aumentar o volume de impressões de anúncios fornecendo aos nossos usuários uma liderança inovadora e insights superiores."

Lá pela terceira ou quarta rodada, as coisas começaram a ficar interessantes. As equipes começaram a ficar mais ambiciosas.

"Vamos dobrar o volume de impressões de anúncios dobrando o número de *placements* em cada página."

Outras equipes reclamaram, principalmente as que sabiam das consequências. Taxas de cliques mais baixas. Valor diluído para os anunciantes. Mas era por essa métrica que estávamos avaliando a equipe. A métrica deles era impressão de anúncios. E as coisas começaram a pegar fogo.

Outra equipe propôs:

"Vamos dividir as informações de frete e pagamento em duas páginas diferentes. Ah! Se ajustarmos a ferramenta de busca da nossa loja, as pessoas provavelmente vão precisar clicar em mais páginas para encontrar os produtos que procuram."

Um engenheiro foi ainda mais descarado:

"Vamos reduzir a capacidade do nosso servidor para as páginas demorarem mais para carregar. Para mim tanto faz, porque o tempo no site vai aumentar".

E o especialista em terceirização:

"Vamos comprar meio milhão de seguidores da Europa Oriental nas mídias sociais. Deve custar só algumas centenas de dólares e vai ser a campanha com o ROI mais alto que já realizamos."

Nada provocou a ira coletiva mais do que esta última proposta. Tentei acalmar os ânimos: "Como vocês estão medindo a qualidade do tráfego de mídias sociais que recebem hoje?"

Eles não mediam. Ninguém na empresa media.

Por que você precisa entender suas métricas

A ideia do workshop não foi mostrar que você precisa de métricas infalíveis. A ideia é que você precisa considerar com muito cuidado como as suas métricas podem ser influenciadas – de propósito ou não. Você precisa conhecer as alavancas que, se puxadas, afetam uma métrica e as consequências disso. Caso contrário, terá problemas. Métricas à prova de balas são quase impossíveis de encontrar. A receita pode ser medida em termos de dinheiro no banco, mas posso citar uma lista de empresas que se valem de truques para antecipar esse valor quando suas ações estão prestes a tornar-se exercíveis. Você pode não ter um líder que inclua na caradura novos *placements* no site ou saia comprando uma multidão de seguidores a preço de banana, mas pode ter equipes que dividem os *placements* como parte de um redesign da interface do usuário ou uma equipe de mídias sociais que não analisa adequadamente a qualidade do tráfego oferecido por um parceiro.

Um erro que muitas empresas cometem ao incentivar comportamentos inadequados é tentar melhorar apenas suas métricas de baixo desempenho. Se você entrar na sala do conselho apresentando bons números, receberá mais elogios do que escrutínio. Entre com números ruins e prepare-se para jogar na defensiva.

As melhores empresas analisam com o mesmo rigor números excelentes e números de baixo desempenho. Em outras palavras, se você tiver números espetaculares mas não conseguir explicar o que fez de uma forma que seja repetível, ou se tiver um setor de alto desempenho e não souber dizer a seus colegas menos afortunados quais estratégias adotou, você simplesmente não será reconhecido pelos seus números fantásticos. A mensagem é clara. Os métodos são tão importantes quanto as métricas, e os líderes se recusam a aceitar as métricas se elas não forem compreensíveis e repetíveis.

Como impedir seus números de mentir

Há muitas maneiras de abordar o desafio de entender profundamente suas métricas e suas implicações. Uma possível abordagem é o *red teaming* (algo como "time vermelho"), um conceito tomado de empréstimo da CIA.*

Quando examina uma análise, a CIA designa um pequeno grupo de pessoas imparciais – ou seja, que não têm nada a ganhar ou perder com isso – para encontrar seus pontos fracos. Esse é o objetivo dessas pessoas. É uma missão que elas não podem recusar. Os mesmos dados, a mesma pergunta da pesquisa – e seu trabalho é apresentar os melhores argumentos para defender uma resposta diferente. A maioria dos analistas elabora um relatório na esperança de induzir o diretor a tomar a decisão que eles querem. O "time vermelho" é encarregado de apresentar e defender um ponto de vista diferente.

As melhores empresas adaptaram essa abordagem às suas próprias culturas. Em vez de confiar inteiramente no responsável por um projeto que pode ter algum incentivo para induzir uma decisão a seu favor – ou pode não ser capaz de ver além de seu próprio silo –, elas designam uma equipe multifuncional composta de vários analistas para elaborar relatórios contra grandes programas propostos, antes que os altos executivos tomem sua decisão. O que está faltando? Como as coisas poderiam dar errado?

Essas equipes reportam diretamente à equipe executiva e são alternadas no intervalo de alguns meses, para evitar que tentem promover seus próprios interesses.

---

* Micah Zenko, "Inside the CIA Red Cell", *Foreign Policy*, 30 out. 2015.

Se você não tiver como formar uma equipe, encontre um consultor externo que possa fornecer o mesmo nível de franqueza. A ideia não é que ele lhe diga o que fazer. Não é tomar a decisão por você. É, sim, garantir que você considere um ponto de vista independente antes de tomar uma decisão, para não arriscar receber ondas de seguidores da Moldávia nas mídias sociais da empresa.

Depois de implementar esse processo, você notará um segundo benefício que chega a ser curioso: os responsáveis pelos projetos começarão a prezar mais pela transparência. Se você sabe que uma equipe vai argumentar contra a sua ideia, vai querer se adiantar a isso – porque, caso contrário, parecerá que você omitiu algo de propósito ou cometeu o erro de deixar passar algum detalhe importante.

Veja o outro lado

Um grupo de pesquisadores deu a 29 equipes os mesmos dados e a mesma pergunta: os árbitros de futebol são mais propensos a dar cartões vermelhos a jogadores de pele escura do que a jogadores de pele clara? Em descobertas publicadas pela Association for Psychological Science, eles relataram que as 29 equipes adotaram 21 abordagens analíticas diferentes.[*] Vinte equipes disseram que sim, havia evidências estatisticamente significativas de viés, enquanto nove discordaram.

---

[*] R. Silberzahn *et al.*, "Many Analysts, One Data Set: Making Transparent How Variations in Analytic Choices Affect Results", *Advances in Methods and Practices in Psychological Science* 1, n. 3 (set. 2018): 337-56.

"Essas descobertas sugerem que uma variação significativa nos resultados de análises de dados complexos pode ser difícil de evitar, mesmo quando as análises são feitas por especialistas com as melhores intenções", os pesquisadores escreveram. Eles concluíram que pode ser vantajoso ter diferentes pesquisadores estudando o mesmo problema, porque isso ajuda a destacar as escolhas analíticas subjetivas que influenciam os resultados e, portanto, melhorar as decisões baseadas neles.

O bom uso dos dados envolve mais do que fórmulas e cálculos. Requer entender como as métricas são calculadas – e como elas podem ser úteis ou manipuladoras. Se você não estiver agindo com base nesse conhecimento, há a possibilidade de estar sendo ludibriado. Cerque-se de processos para ter acesso a esse conhecimento. O resultado será mais transparência e um desempenho melhor.

19

Coloque em campo um time vencedor

Algumas pessoas têm o poder de levar um projeto ao sucesso. Outras destruirão todos os projetos nos quais tocarem. Saiba diferenciá-las.

Vamos começar com os mestres das artes corporativas do mal. Evite essas pessoas se puder – mas, se não tiver como, aprenda a lidar com elas. O primeiro passo é reconhecê-las pelo que elas são.

Os detratores sem inspiração

Os especialistas em eficiência

Os especialistas em eficiência têm dois gritos de guerra. O primeiro é "Quero saber onde investir meu próximo dólar".

Eles sempre usam um dólar, o que é bizarro. Acho que eles querem mostrar que são detalhistas. Eles insistem na mais rigorosa prestação de contas como um pré-requisito para fazer qualquer coisa.

O segundo grito de guerra é a citação que costuma ser atribuída a John Wanamaker: "Metade do dinheiro que eu gasto em publicidade é desperdiçado; o problema é que não sei qual metade".* Se o especialista em eficiência estiver fazendo uma apresentação, essa citação sempre aparecerá já no segundo slide. Os especialistas em eficiência querem a resposta – ou pelo menos gostam de colocar as pessoas para persegui-la.

Eles são ranzinzas e hipócritas. Desaceleram qualquer organização de marketing porque se concentram na questão da prestação de contas: medir o retorno preciso do investimento em marketing.

À primeira vista, pode até fazer sentido. Quem não quer uma boa prestação de contas? No entanto, quando precisa gastar tanto tempo tentando descobrir para onde vai aquele dólar lendário, você deixa de investir em novas oportunidades. Testar novas ideias pode ser um processo terrivelmente ineficiente, pelo menos no início, porque você ainda tem muito a

---

* A citação é amplamente atribuída a Wanamaker em vários textos, incluindo o popular livro de David Ogilvy de 1963, *Confessions of an Advertising Man* (p. 86-87). Dito isso, vários pesquisadores tentaram, sem sucesso, encontrar evidências de que Wanamaker teria feito essa declaração, com alguns argumentando que na verdade ela foi feita pelo lorde Leverhulme. Também nesse caso, as evidências são escassas. Mas é uma citação fantástica e alguém deve ter sido o primeiro a dizê-la!

aprender. Então, em vez de desperdiçar esse dólar, os especialistas em eficiência preferem mantê-lo no bolso.

E as empresas ficam estagnadas. A certa altura, seus orçamentos ficam tão grandes que a eficiência é a única questão que levam em conta. Elas param de investir em qualquer coisa que seja minimamente arriscada, só fazem apostas seguras, evitam novas táticas – e não vão a lugar algum.

Você quer eficiência, mas não especialistas em eficiência. É melhor deixá-los administrando cadeias de suprimentos ou *call centers*. E garanta que 10% do seu orçamento de marketing fique sempre reservado para a investigação. Deixe essa fatia do orçamento fora do escopo da eficiência. Avalie os resultados não pelos dólares que voltaram, mas pelo que vocês aprenderam no processo. Caso contrário, sua empresa não terá como sair do lugar.

Os perfeccionistas

Esses são os tipos orientados pelas pesquisas que tratam cada projeto como uma dissertação corporativa. Querem fazer grandes contribuições e contam com modelos rigorosos, experimentos imaculados e honrarias em periódicos como medidas de sucesso. O problema é que a maioria das empresas tem dificuldade de criar o ambiente dos quais esses perfeccionistas brilhantes precisam para ter sucesso. Eles são obcecados pela resposta perfeita, e o mundo caótico das métricas digitais é tudo, menos perfeito.

Você quer essas pessoas em sua equipe porque elas contestarão ou questionarão os outros. Elas elevarão os padrões, trazendo uma certa disciplina e rigor para a medição – algo que muitas vezes falta em equipes formadas inteiramente por profissionais da área. O problema é que você precisa aceitar um certo risco para a empresa poder avançar. Sem a estrutura adequada, os perfeccionistas se tornam um obstáculo. Eles podem levar anos estudando os problemas, só que o mercado avança em semanas.

Se você contratar essas pessoas, precisará ser objetivo quanto ao trabalho que lhes atribui e deixar claro o que precisa delas. Enfatize o custo de oportunidade de estudar um problema à perfeição. Fale sobre a reversibilidade das decisões. Deixe claro que aceitar o risco é intencional e inevitável. Encontre projetos que exijam atenção aos detalhes – os grandes orçamentos e outras decisões de negócios que não são facilmente revertidas –, mas, também nesses casos, não deixe de explicar que a organização como um todo precisa agir rápido para sobreviver. E, o mais importante, explique a lógica do que você está dizendo. Decisões imperfeitas impulsionadas pela necessidade de agir são aceitáveis para esse grupo. Escolhas aleatórias para cumprir prazos arbitrários ou satisfazer egos, não.

Os inseguros

Muito do que falei até agora foi sobre usar dados para prever o relacionamento com o cliente – olhando para o futuro e fazendo perguntas. Esse relacionamento específico vale o meu tempo? Essa pessoa vai continuar no relacionamento e gastar muito conosco? Aquela pessoa vai sair do relacionamento?

Nenhuma dessas previsões tem qualquer significado se você estiver tentando reter clientes desesperadamente e a qualquer custo. Os inseguros gastarão muito para atrair clientes de alto valor, o que faz sentido… mas depois continuarão investindo neles, com medo de eles irem para outro lugar, o que não faz sentido. Esses clientes são de alto valor porque o modelo prevê que eles vão ficar. Gastar mais com eles só degrada seu valor. É só dinheiro perdido.

Quando o modelo diz que um relacionamento tem baixo valor, os inseguros dizem: "Precisamos aumentar nossos gastos". Quando o modelo diz que um relacionamento acabou, os inseguros não largam o osso. Eles sentem a necessidade de reconquistar o cliente.

Se não forem devidamente controlados, usarão todos os lucros que você teria capturado e botarão a culpa em técnicas como o valor do tempo de vida, alegando que foram a estratégia errada.

A única maneira de controlar os inseguros é com a experimentação. Divida um pool de clientes em dois. Deixe um como grupo de controle e permita que os inseguros façam o que quiserem com o outro. Esses clientes realmente gastaram mais? Eles realmente ficaram mais tempo no relacionamento? Os resultados valeram o esforço e os recursos investidos?

Os inseguros podem ser salvos, mas precisam ver a luz. Eles precisam ver com os próprios olhos os resultados do teste.

Os que fazem a diferença

Os contadores de histórias

Essas pessoas têm um talento raro. Procure-as. Desenvolva-as. Valorize-as.

Elas têm a fluência e algum respeito pelos modelos que fazem delas guias confiáveis para os analistas, ao mesmo tempo que sabem traduzir a oportunidade para outras pessoas da organização. Os contadores de histórias sabem engajar os colegas das finanças, vendas, marketing ou desenvolvimento de produtos em seus respectivos termos, ajudando-os a ver as oportunidades dentro do contexto de suas próprias experiências e modos de pensar. Eles moldam opiniões e geram entusiasmo; os melhores criam novos evangelizadores para levar a mensagem adiante.

Muitas equipes não reconhecem a necessidade de contar histórias e não incluem essa habilidade como critério de contratação. Elas tendem a contratar clones de si mesmas, mais voltados a exatas que a humanas. Nada de errado com isso... se você estiver contratando pessoas para trabalhar na infraestrutura de nuvem. Contudo, os analistas não são as pessoas certas para convencer uma equipe de vendas a se importar.

Você precisa de pessoas capazes de construir pontes, que saibam explicar para o diretor financeiro o modelo de valor de longo prazo que você está criando, que possam conversar com as operações sobre o que é preciso construir para alcançar clientes de alto valor. Você precisa de pessoas capazes de contar uma história que faça com que seu insight seja tão interessante que será quase intuitivo para quem ouve.

Os empreendedores

As organizações são complexas, com muitas engrenagens em movimento, e o progresso pode ser paralisado por um obstáculo tão pequeno quanto fazer com que todos compareçam a uma reunião. Agora imagine a dificuldade de fazer todas as pessoas concordarem com um novo direcionamento. Focar vitórias rápidas e factíveis e contratar contadores de histórias pode ajudar, mas as equipes também se beneficiam quando incluem um tipo específico de generalista – o empreendedor. Não estou falando da pessoa que elaborou um plano de negócios ou levantou uma rodada de financiamento, mas daquela que trabalhou em pequenas equipes para configurar a infraestrutura e implantar o marketing, criar páginas de destino e executar testes, tudo com prazos apertados e pouco apoio. Nada do que essas pessoas produzirem vai se aproximar do calibre que as organizações maiores esperam, mas esse não é o ponto. Elas atuam como catalisadores. Enzimas vivas. Impulsionam as coisas contribuindo com novas e dinâmicas competências a uma equipe que só está tentando fazer alguma coisa.

Os estudiosos

A área do *customer analytics* se ergue sobre os ombros de gigantes, construída com base nas pesquisas e no brilhantismo de pesos-pesados acadêmicos, incluindo Peter Fader, Bruce Hardie e Daniel McCarthy. Faz sentido dizer que a próxima geração de inovação virá dos estudiosos desses autores. Uma geração capaz de preparar esses bolos do valor do tempo de vida do cliente e também de entender os ingredientes, os métodos e estendê-los a novas aplicações.

Você não só pode contratar esses estudiosos – especialmente os alunos do famoso curso MKTG 476 do professor Fader, da Wharton School, da Universidade da Pensilvânia – como esses professores também disponibilizam muitas de suas aulas na internet em uma variedade de plataformas.

Procure esses estudiosos ou torne-se você mesmo um deles.[*]

---

[*] Mantenho uma lista atualizada de aulas e cursos no meu site.

A não ser que esteja vivendo em um filme de super-herói, você precisa aprender a identificar os atributos de seres humanos reais que têm o poder de melhorar sua equipe. Precisa identificar os atributos de pessoas que não trabalham bem com outras, mesmo que o comportamento dessas pessoas não seja prejudicial por si só, e fazer os ajustes necessários. Resista à tentação de resolver um problema adicionando vários novos membros à sua equipe. Incluir uma única pessoa melhor ou afastar uma única pessoa errada pode ter um impacto enorme. Ninguém disse que seria fácil construir uma grande equipe. Na verdade, dá muito trabalho, mas precisa ser feito.

Conclusão

Espero que você tenha sentido empolgação pelo que leu. Começamos nossa jornada falando sobre conversas e como engajar as pessoas de maneira a realmente entender as necessidades delas. Discutimos relacionamentos e como identificar as pessoas que importam. Abordamos autoaperfeiçoamento e como criar uma cultura que estimule a exploração e a abertura a riscos. Meu objetivo, ao compartilhar o que aprendi, foi inspirar mais perguntas que respostas, porque esse é o próximo passo da jornada – só que agora estamos juntos.

Na primeira vez que apresentei essas lições a um cliente, eu fui com tudo. Comecei segmentando os clientes, dos mais aos menos valiosos. Já no primeiro slide. Já vimos como pode ser uma segmentação como essa.

Segmento de clientes	Valor médio/ pessoa	Valor total	% da receita
1	US$ 3.200	US$ 283.200.000	81%
2	US$ 350	US$ 30.975.000	9%
3	US$ 200	US$ 17.700.000	5%
4	US$ 120	US$ 10.620.000	3%
5	US$ 80	US$ 7.080.000	2%

Figura 8.4

Descrevi a metodologia e as pesquisas acadêmicas por trás dos cálculos. Expliquei os atributos dos clientes de alto valor, bem como as pessoas às quais a empresa deveria se direcionar e aquelas que deveria evitar. Como alocar o dinheiro – e quanto dinheiro ganhariam caso seguissem minha recomendação. As mesmas lições que exploramos neste livro, eu comprimi com entusiasmo em uma esbaforida apresentação de vinte minutos para os meus clientes.

Tudo tão claro. Tudo tão convincente. Fiz uma pausa para os clientes concordarem.

"Então, só para esclarecer...", disse o presidente do conselho. "Vocês construíram um modelo que diz que devemos investir mais dinheiro nos nossos clientes hoje e depois esperar meses para ver como esses relacionamentos vão se pagar? Não vamos deixar o marketing nem ninguém investir sem prestação de contas. Nós gastamos hoje para os clientes comprarem hoje. E ponto final."

Bom, aquilo me pegou de surpresa. Afinal, meus números eram tão bons!

Aprendi uma lição importante naquele dia: é melhor ajudar as pessoas a encontrar suas próprias perguntas do que só lhes dar as respostas. Curiosidade e fascínio levarão uma organização mais longe do que fé cega, por mais que as evidências sejam convincentes.

Hoje em dia, começo com o mesmo slide e uma narrativa bem mais curta: "A previsão é que seus clientes gastarão desse jeito com vocês. Atualmente, vocês estão gastando o mesmo com cada um deles e enviando as mesmas mensagens".

Então paro e abro para perguntas. E os participantes não param de perguntar.

"Qual é o seu nível de confiança com esses números?"

"O que podemos fazer para atrair mais clientes de alto valor?"

"Quem é o responsável por trazer todos os clientes terríveis?"

"Por que não gastamos mais com os clientes que estão comprando mais?"

E por aí vai. Eu deixo os participantes percorrerem a mesma jornada que eu e você percorremos juntos neste livro. Eles desenvolvem seu próprio entendimento do problema. Só assim eles podem contribuir com suas próprias ideias, participar do processo e apoiar a transformação necessária para uma empresa ter sucesso com essa abordagem.

Não quero que você feche este livro, faça uma apresentação de PowerPoint e saia gritando: "É nesta direção que precisamos seguir!" Quero que você ensine, ouça, deixe as pessoas ficarem curiosas sobre o relacionamento com os clientes e contribuam com ideias próprias. Ajude outras pessoas da empresa – e de sua área – a crescerem com você.

É assim que você se torna uma lenda. Não apenas pelos resultados que entrega, mas pelos seguidores que acumula e pela visão que compartilha.

As pessoas – seus clientes, seus colegas, seus investidores – ficarão gratas por estarem em sua empresa.

Nos vemos por aí

– Neil

Por que não continuamos esta conversa na internet? Criei um pequeno site para você tirar dúvidas, conhecer outras pessoas e encontrar ferramentas que vão ajudar em sua jornada.

http://convertedbook.com

Agradecimentos

Gostaria de agradecer a Mark Travis, que, como um verdadeiro artesão literário, inspirou, incentivou e questionou minhas ideias ao longo do processo de escrita deste livro. Sem suas provocações, ele ficaria mais parecido com um memorando corporativo – sem estrutura, voz ou convicção, e provavelmente ninguém o leria.

Aos editores, revisores, profissionais de marketing e publicitários da Penguin Random House, meus agradecimentos por tudo o que vocês fizeram para levar essas ideias ao mundo. Sou especialmente grato a Noah Schwartzberg, Kimberly Meilun e Margot Stamas, que atuaram como guias indispensáveis enquanto eu entrava no mundo editorial pela primeira vez.

Ao meu agente literário, Jim Levine, obrigado por compartilhar uma vida inteira de experiências e conselhos exatamente quando eu mais precisei. Devo um agradecimento especial à equipe da Fortier Public Relations. Liderados por Mark Fortier e Maria Mann, eles foram implacáveis em levar este livro e suas ideias a novos cantos do mundo.

Minha pesquisa neste campo do marketing seria vazia se não fosse pela pesquisa e orientação de Peter Fader. Poucos podem igualar suas contribuições para o campo do *customer analytics*, e ninguém pode chegar perto da generosidade que ele oferece para aqueles que buscam o mesmo.

Aos meus colegas do Google com quem tive o privilégio de trabalhar na última década: tenho um orgulho enorme do trabalho que fizemos juntos e sou ainda mais grato pelos conselhos, questionamentos e orientações que recebi de vocês em momentos cruciais da minha carreira. A Alan Moss, Alex Chinien, Allan Thygesen, April Anderson, Avinash Kaushik, Charlie Vestner, Jane Hong, Jim Lecinski, John McAteer, Rachel Zibelman, Ted Souder, Tom Bartley e incontáveis outros: muito obrigado!

É claro que nada disso teria sido possível sem Alan Eagle, Nicolas Darveau-Garneau e toda a equipe de evangelizadores do Google. Eles me apoiaram e me deram a confiança para me lançar neste projeto. Eles me ajudaram a desenvolver minhas ideias, foram uma fonte inesgotável de encorajamento, e é um enorme privilégio trabalhar com eles todos os dias.

Minha gratidão se estende a um pequeno porém extraordinário grupo de amigos, incluindo Chris von Burske, David Cooley, Frank Cespedes, Kevin Buerger, Mark Dannenberg, Michael Loban, Raghu Iyengar, Tony Kam e Sarah Norman, que moldaram este livro cada um à sua própria maneira.

E, por fim, sou profundamente grato à minha família: eu existo pelo amor, paciência e sacrifício de vocês. Espero que vocês se orgulhem desta aventura.